日本語文法
Journal of Japanese Grammar

⑱巻 ❶号 2018年 3月
Vol.18, No.1 March 2018

目 次
CONTENTS

研究論文
Research Paper

Ｖスギル構文の統語的条件と解釈　　　　　　　　　　　　東寺　祐亮　**3**
The Conditions and Interpretations of the V-*Sugiru* Construction　　TOJI Yusuke

研究ノート
Research Note

他動詞可能文における例外的格パターンの出現　　　石田　尊・田川　拓海　**20**
──主格保持の原則をめぐって──　　　　　　　ISHIDA Takeru, TAGAWA Takumi
An Exceptional Case Pattern in Transitive Potential Sentences in Japanese:
Shibatani's Principle Revisited

書評論文
Reviews

仁田義雄著
『文と事態類型を中心に』　　　　　　　　　　　　　　有田　節子　**29**
On Sentence and Situation Types　　　　　　　　　　　ARITA Setsuko
by NITTA Yoshio

早津恵美子著
『現代日本語の使役文』　　　　　　　　　　　　　　　前田　直子　**38**
Causative Sentences in Modern Japanese　　　　　　　　MAEDA Naoko
by HAYATSU Emiko

青木博史著
『日本語歴史統語論序説』　　　　　　　　　　　　　　竹内　史郎　**47**
An Introduction to Historical Syntax in Japanese　　　　TAKEUCHI Shiro
by AOKI Hirofumi

JN255119

野呂健一著
『現代日本語の反復構文──構文文法と類像性の観点から──』 天野 みどり **56**
Repetitive Constructions in Modern Japanese:
From the Viewpoint of Construction Grammar and Iconicity
by NORO Kenichi

❖─────────────────❖

日本語文法学会第 18 回大会発表要旨	**65**
会則	**89**
役員・委員	**96**
入会案内	**97**
投稿要領	**98**
査読要領	**102**
活動報告	**105**
第 19 回大会のお知らせと研究発表の募集	**110**
事務局からのお知らせ	**113**

研究論文 『日本語文法』18 巻 1 号（2018 年）

V スギル構文の統語的条件と解釈

東寺　祐亮（九州大学）

要旨

　V スギル構文「先生は難しい論文を選びすぎた」という文は，「難しい論文をあまりにたくさん選んだ」という解釈だけでなく，「選んだ論文が難しすぎた」という解釈も許す。本論文では，V スギル構文がどのようにしてこのように V 以外の要素の過剰性を述べることができるのかを議論する。由本（2005）の分析は，「選んだ論文が難しすぎた」という解釈がスギルと「難しい」の統語的関係に基づいて生じると提案していることになるが，本論文では，スギルと「論文」の統語的関係に着目することを提案する。本論文で提案する分析は，Merge ごとに意味表示を出していくアプローチを用いる。このアプローチを用いて，「選んだ論文が難しすぎた」のような解釈が，どのような場合には可能で，どのような場合に不可能になるかを示す。

キーワード：V スギル構文，段階性，過剰性の解釈

The Conditions and Interpretations
of the V-*Sugiru* Construction

TOJI Yusuke（Kyushu University）

Abstract

　　This paper discusses the syntactic properties of the V-*sugiru* construction in Japanese, focusing on the fact that *Sensei wa muzukasii ronbun o erabi-sugita*, for example, can mean not only that 'the amount of [teacher's choice of a difficult paper] was excessive', but also that 'the difficulty of [the paper the teacher choose] was excessive'. The problem is how the second interpretation can be derived. While Yumoto（2005）proposes in effect that the interpretation in question is based on the syntactic relation formed between *sugiru* 'excessive' and *muzukasii* 'difficult', this paper argues that the syntactic relation crucial to this construction is established between *sugiru* 'excessive' and *ronbun* 'paper'.

東寺　祐亮

Keywords: V-*sugiru* construction, gradability, excessive interpretation

1.　問題提起

　日本語には，(1)のように，「動詞の連用形＋スギル」という形式で，過剰性を表す構文(以下，Ｖスギル構文と呼ぶ)がある[1]。

(1) a.　健は，夏休みの勉強のために，論文を<u>選び</u>すぎた(せいで，夏休みの間に読み終わらなかった)。＝たくさん選びすぎ

b.　健は，論文を<u>丁寧に選び</u>すぎた(せいで，1日図書館にいたのに1つしか選べなかった)。＝選び方が丁寧すぎ

(1a)は，「選ぶ」についての過剰の解釈であり，(1b)は「丁寧に」についての過剰の解釈である。素性構造の形で書き表すと，たとえば，(1a, b)の「選ぶ」というイベントは，(2)のような property を持っていることになる[2]。

(2) a.　{<Kind, 選ぶ >, <Agent, 健 >, <Theme, 論文 >, <Time, Perfect>, < 量 , 過剰 >}

b.　{<Kind, 選ぶ >, <Agent, 健 >, <Theme, 論文 >, <Time, Perfect>, < 丁寧に , 過剰 >}[3]

---

[1]　日本語のスギルを用いた文には，本動詞として使用している「新幹線が博多駅を過ぎた」のように「ある場所を通ってさらに進む」という意味や，「約束の時間から30分が過ぎた／約束の日から30日が過ぎた」のように「時間や期間が過ぎる」という意味になる場合もあるが，本論文では，(1)のように，動詞の連用形に接続し，何らかの過剰性を表す場合について議論する。

[2]　本論文は，上山(2015)の統語意味論を分析の背景としている。統語意味論は，Chomsky (1995)以降の生成文法モデル(Minimalist Program)を前提にしており，Lexicon における語彙項目の指定，Syntax における構造構築，構造構築結果から得られた意味表示を明示的に捉え，意味表示の結果，世界知識や推論によってどのような理解が得られるかも視野に入れたアプローチである。統語意味論では，文の意味を，モノやコトという個物の集合と捉え，一つ一つの個物を property の集合として記述していることから，(2)のように意味を記述する。この理論の特徴は，統語計算でも同様の記述を用いているという，統語計算と意味計算の一体性にある。ある表示が派生されるためにはどのような統語計算が行われればよいのかを明示的に捉えやすいという利点があるため，一見同じ語彙項目から構成されているようでも，さまざまな表示が派生されている可能性があるＶスギル構文の現象の分析に用いた。

[3]　(2a)は，「選ぶ」という種類(Kind)のイベントであり，Agent が「健」であり，Theme が「論文」であり，時制(Time)がPerfectであり，動作量が過剰であるということを表してい

(2a)は，選ぶ量が過剰だという意味が表されているのに対して，(2b)は選び方の丁寧さが過剰だということが表されている[4]。

さらに，(3)のような場合もある。

(3)　健は，(夏休みの勉強のためにいろいろ論文を選んでいたけど，今回は，)<u>難しい論文</u>を選びすぎた。＝論文が難しすぎ

(3)の「論文」の property を，(2)と同様に書き表すと，(4)のようになり，これは論文の難しさが過剰だということである[5]。

(4)　{<Kind, 論文 >,< 難しい , 過剰 >}

(2)では，「過剰」の意味が「選ぶ」というイベントの property であったが，(4)では，「過剰」の意味が「論文」の property になっている。形態的には「選びすぎる」であるが，意味解釈を考えると，スギが持つ過剰の意味が「選ぶ」の中に入っている場合と，「論文」の中に入っている場合とがある。

このように，Vスギル構文の解釈においては，スギが持つ過剰の意味が「どのような側面」と結び付いて property をなしているのか((2a)対(2b))，そして，その property が「何(モノ／コト)」の property になっているのか((2)対(4))が決まることが重要である。これらはどのようにして決定されるのだろうか。本論文では，この問題について議論する。

Vスギル構文の研究においては，英語の「over-V」とVスギルを比較している Sugioka(1986)，意味論の観点から英語の「too」を基にしてスギルの denotation を提案している Nakanishi(2004)などが挙げられるが，これらは(3)の現象を説明する分析についての議論ではない。事象投射理論の観点から，スギが持つ過剰の意味が頻度，数量，程度などと，どのようにして結び

る。(2b)は，「選ぶ」という種類(Kind)のイベントであり，Agent が「健」であり，Theme が「論文」であり，時制(Time)が Perfect であり，動作の丁寧さが過剰であるということを表している。

[4]　(1a)の解釈は，選ばれた論文がたくさんある状況と捉えることもできる。この点の詳細については4節の脚注14を見てほしい。

[5]　「健は，難しい論文を選びすぎた」という文で最も容易な解釈は「選びすぎ」である。しかし，由本(2005)などの先行研究も述べているように，「難しすぎる」という解釈も可能である。この言語事実も踏まえて検討していくことで，スギが持つ過剰の意味がどのようにして他の語と結び付くのかが明らかになる。

付くかを分析している井本(2008)は，(1b)や(3)を検討しているが，議論の中心が(1a)や(1b)の解釈の優先順位決定の原則を明らかにすることであり，統語構造とVスギル構文の解釈についての議論ではない。(3)の現象を説明する分析として，モジュール形態論の観点から分析している影山・由本(1997)と由本(2005)が挙げられる[6]。本論文では，影山・由本(1997)の観察と分析をさらに詳述した由本(2005)の観察と分析を2節において詳しく紹介する。3節では，由本(2005)の分析を踏まえてVスギル構文の解釈を捉えなおし，4節でこの現象を説明することができる分析を提案する。

2. 由本(2005)

由本(2005)は，「過ぎる」が[+gradable]素性を持つ語と統語的に関係付けられなければならないという特性を持つと考え，(5)を提案している。[+gradable]素性を持つ語とは，何らかの意味で量や程度に段階性が認められる語のことである。以下，[+gradable]素性を持つ語には下線を引く。

(5)　「過ぎる」は統語構造内において統率する要素の中から[+gradable]素性を探し，それをターゲットとして選択する[7]。

（由本 2005: 264, (75)）

たとえば，(6)が容認されるのは，(6a)の「早く」や(6b)の「大きな」のような[+gradable]素性を持つ語が「過ぎる」の統率範囲内にあるためである。

(6)　a.　彼は<u>早く</u>([+gradable]素性)家を建て過ぎたと後悔した。
　　　　（＝家を建てたのが早すぎた）　　　（由本 2005: 242, (44a)）

　　　b.　彼は<u>大きな</u>([+gradable]素性)家を建て過ぎたと後悔した。
　　　　（＝建てた家が大きすぎた）　　　（由本 2005: 242, (45b)）

由本(2005)は，Baker(1988)の Government Transparency Corollary を基に，(7)を仮定することで，図1に示すように「早く」が「過ぎる」に統率され

---

[6]　(3)の観察を指摘したのは，管見の限り，影山・由本(1997)が初めである。

[7]　由本(2005)の中では，統率の定義は述べられていないが，おそらく，統率は(i)の定義に，m統御は(ii)の定義に基づいていると推察される。

(i)　αがβをm統御し，αとβが同一の最大投射範疇内にあれば，αはβを統率する。

(ii)　αがβを支配せず，αを支配する最初の最大投射がβを支配するとき，αはβをm統御する。

るとしている[8]。

(7) 「[V2[V1 V]過ぎる]」のV1は動詞上昇を起こして「[V2[V1 tV]VV-過ぎる]」になることで、VVの元位置(tV)で統率していた要素も統率する。

由本(2005)は、(6)に対して、(8)のような主語名詞句内の[+gradable]素性

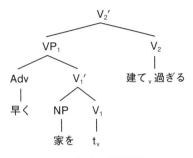

図1 (6a)の樹形図

を持つ語は、「過ぎる」と関連付けられないと述べている[9]。

(8) a. 最近は、悪い風習が広がり過ぎて困る。(≠風習が悪すぎる)

(由本2005: 230, (22c))

b. この映画では、普通の通りをきれいな人が歩き過ぎる。(≠人がきれいすぎる)　(由本2005: 230, (20c))

また、(9a)の「よく」や(9b)の「小さく」のように、[+gradable]素性を持つ語が埋め込み節内にある場合も、「過ぎる」と関連付けた解釈はできないと観察している。

(9) a. 健は[CP[IP子供がよく勉強する]と]言い過ぎた。(≠健は子供がよく勉強しすぎると言った)

b. 健は[NP[CP花子が小さく書いた]字]を読み過ぎた。(≠健は花子が書いた小さすぎる字を読んだ)　(由本2005: 259, (66a, b))

ただし、由本(2005)は、(10)の「高い」のように、直接「過ぎる」に統率されていない要素でも選択が可能な場合があるため、(11)の「[+gradable]素性の浸透」という仮定を加えている。

---

[8] (7)の仮定は、由本(2005)に明記されているわけではないが、由本(2005)の第5章の(65)や(76a)を踏まえると、導入されていると考えるのが妥当である。そのため、影山(1993: 314–320)とBaker(1988: 64)を基に補った。

[9] 由本(2005)は、主語名詞句について、非対格自動詞でも非能格自動詞でも他動詞でも、「主語名詞句を修飾する要素に「過ぎる」がかかる解釈はあり得ない(由本2005: 231)」としており、「どんな文脈を与えても無理であろう(由本2005: 231)」と観察しているため、「すべての動詞において、主語の修飾語句には「過ぎる」の意味作用が及ばない(由本2005: 243, (i))」と指摘している。

（10）ポスターを高いところに貼り過ぎて，見えないよ。（＝貼ったところが高すぎる）　　　　　　　　　　　　　　（由本 2005: 261,(70a)）
（11）［+gradable］素性はそれを直接支配する DP とさらにその DP を直接支配する PP まで浸透する[10]。

図2に示すように，(11)で述べられた浸透により，「過ぎる」が統率する範囲内に［+gradable］素性があることになり，(10)の解釈が可能になる。

以上のように，由本(2005)は，「過ぎる」が［+gradable］素性をターゲットにすると考えている。

3. Vスギル構文の解釈

由本(2005)が［+gradable］素性，すなわち，本論文でいうところの＜難しい，__＞のような

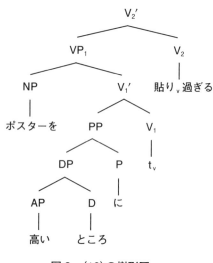

図2　(10)の樹形図

段階性を表す property（以降，degree property と呼ぶ）に着目しているのは，Vスギル構文の解釈において，過剰なのが「どのような側面」なのかに該当する情報が必要であるからであり，(12)の事実を見ても，それは確かである。たとえ「健は常に難しい論文を選んでいるが今回は特に難しい論文を選んだ」という文脈があったとしても，(12)で，「論文が難しすぎる」という解釈は不可能である[11]。

---

[10] 由本(2005: 264)は，拡大投射という概念に基づき，「難しい」などの語が持つ「［+gradable］素性が DP, PP までは浸透できても，その上の DP にまでは浸透しない」と述べている。その内容を仮定としてまとめたものが(11)である。

[11] この点に関する査読者の指摘に感謝する。匿名査読者の指摘は，(i), (ii)の例で，たとえ，「チョムスキーの論文はどれもわかりにくい」という文脈があったとしても，「論文がわかりにくすぎる」という解釈ができないのは，段階性を持つ表現が用いられていないことに起因するのではないかというものである。具体的な分析は4節において詳述するが，この指摘を受けて，Vスギル構文の解釈を派生するために何らかの degree property を持つ

（12）　健は論文を選びすぎた。≠選んだ論文が難しすぎ

この点を踏まえると，Ｖスギル構文の解釈を派生するために，何らかの degree property を持つ語が必要である点は妥当である。しかし，本当に統語論で直接スギが持つ過剰の意味と［+gradable］素性とが結び付かなければならないのだろうか。

　Ｖスギル構文の解釈を，1節で述べたように＜難しい, 過剰＞や＜丁寧に, 過剰＞のように書き表すのであれば，由本（2005）の分析というのは，まさに＜難しい, 過剰＞という表示を統語論で作りだす分析である。しかし，その表示を統語論で作りだそうとした結果，由本（2005）は（10）の「高い」のように深く埋め込まれている場合を説明するために，（11）のような極めて限定的な仮定をしなければならなくなっている。場合によっては，（13）のように，「ややこしく」が深く埋め込まれていたとしても，「論文がややこしすぎる」という解釈を，（完全ではないにしても，）容認できないわけではない。

（13）？健は，（夏休みの勉強のためにいろいろ論文を選んだけど，今回は，）［［ややこしく書かれた］論文］を選びすぎた(せいで，著者の主張が読み取れなかった)。

このような現象を由本（2005）のアプローチで説明しようとすると，（11）のような浸透規則をさらに拡張したものを仮定せざるをえない。そのような仮定が必要になるのであれば，むしろ，統語論で＜難しい, 過剰＞までは作らないという選択肢も考えるべきではないだろうか。つまり，構造構築によって得られる表示としては，たとえば，（14）のような表示が得られれば十分だという考え方である。

（14）　｛<Kind, 論文 >, < 難しい , __ >, < __ , 過剰 >｝

　もちろん，最終的な理解としては，<α, 過剰 > の α が定まらなければ解釈が落ち着かないが，< __ , 過剰 > という property を持つモノ／コトが，（14）の < 難しい , __ > のような「過剰」の α になりうる degree property を持っていれば，結果的に「難しすぎる」という解釈ができると仮定し，統語論の

――――――――――
語が必要である点を反映した分析に至った。
(i)　チョムスキーの論文を選びすぎた。≠選んだ論文がわかりにくすぎ
(ii)　［読者の立場に立って書かれていない］論文をえらびすぎた。≠選んだ論文がわかりにくすぎ

東寺　祐亮

段階では，<α, 過剰 >のαは未決定のままにされていると考えてもいいのではないだろうか。

　そもそも，スギが動作の過剰性を述べる(15)の場合でも，「読む」の<量, ＿ >について過剰なのか，<頻度, ＿ >について過剰なのか，どちらの解釈も可能である。どちらと過剰の意味が結び付くのかは文脈に依存しており，構造構築によって決定されなければならないことではない[12]。

　　(15)　健は漫画を読みすぎた。

　また，若干容認のしにくさがあるが，(16a)では，「選んだ論文があまりにわかりにくかった」という解釈が不可能ではない。(16a)で何が「過剰」なのかというと「わかりやすくなさ」であり，ここでは，「わかりやすく書かれてない」という単一の語では表すことができない複合的な「側面」にスギが持つ過剰の意味が結び付いていることになる。

　　(16)a.　　(学部生の授業であまりにわかりにくい論文を選ぶと学部生が
　　　　　　　ついていけなくなる。)
　　　　　　?学部生用の授業なのに，今回の授業では，田中先生が[[わかり
　　　　　　やすく書かれてない]論文]を選びすぎて，学部生が少しも授業
　　　　　　についていけなかった。

　　　　b.　?皆はパーティーだから明るい色のドレスを着ていたのに，花子
　　　　　　は[[色がはっきりしない]ドレス]を着すぎたせいで，目立て
　　　　　　なかった。

このような解釈は，統語論で直接 degree property とスギが持つ過剰の意味を結び付けるという分析では導くことができない。むしろ，統語論で<α, 過剰 >のαが決定されていないからこそ，「わかりやすく書かれてない論文＝わかりにくい論文」という推論が成り立ち，その結果，「わかりにくさが過剰」という解釈が生じるのである。

---

[12] 井本(2008)は，事象投射理論のアプローチから「解釈コスト」に着目し，Vスギル構文における解釈の優先順位決定のメカニズムを提案している。数量の量化の関数が加えられるなどによって「解釈コスト」が高くなる場合よりも，「焼きすぎ」のように，あらかじめ程度関数を持っている語とスギが組み合わせられている場合の方が「解釈コスト」が低く，解釈が優先されるとしている。それにより，特に，(1a, b)のような，動詞＋スギル／動詞修飾部＋動詞＋スギルの場合の解釈の優先順位に説明を与えることに成功している。

10

このように考えると，(13)が容認されるのは，「ややこしく書かれた論文＝ややこしい論文」という推論が成り立った場合に，派生的に「論文」というモノが＜ややこしい，＿＿＞という property を持つに至った結果ではないだろうか。この推論そのものは，もちろん統語操作ではないので，必ず起こるとは限らない。その解釈を容認しない話者の場合には，その推論が成り立たなかったということであろう。

事実，たとえば，(17a)と(17b)は，構造的には同じであるが，(17b)で「着飾りすぎ」という解釈になるとは，まず考えられない。

(17) a. ? 健は，[[格好付けて描いた]ポスター]を使いすぎた。

b. ?* 健は，[[着飾って描いた]ポスター]を使いすぎた。

(17a)でも，「格好付けすぎ」という解釈ができるとは限らないが，「『何かを描くときの格好のつけ方』の程度が大きければ大きいほど，『描かれた結果物の格好の付き具合』の程度が大きくなる」という推論を許したとたんに，「格好付けすぎのポスターを使った」という解釈ができるようになる。一方，(17b)は，「『何かを描くときの着飾り方』の程度が大きければ大きいほど，『描かれた結果物の着飾り具合』の程度が大きくなる」という推論が成り立つとは想定しづらいため，こちらの解釈は容認できないのである。

以上より，由本(2005)が示したように，Ｖスギル構文には，＜＿＿, 過剰＞という property を持つモノ／コトに，何らかの degree property をもたらす言語表現が必要であるが，過剰の意味がどの＜α, ＿＿＞と結び付くのかまでは統語論で決定されると考えるべきではない。このように考えることで初めて，本節で示した例を捉えることができる。

4. 提案

4.1. 分析

では，一つ一つの語彙項目を組み合わせて文の意味が作られるアプローチから考えると３節の表示はどのようにして作られるのだろうか。たとえば，「論文が難しすぎ」の解釈の場合，スギにも「難しい論文」にも「しるし」があり，その「しるし」を持ったもの同士が構造構築によって出会うことで，「論文が難しすぎ」という解釈が作られると考えてみてはどうだろうか。

そこで，スギと［target］素性という素性とが構造構築によって出会うことで，(14)の表示が派生されると考えたい。［target］素性は，いわば，解釈部門においてどのモノ／コトにスギが持つ過剰の意味が与えられるのかをわかるようにする素性である。［target］素性は，Numeration でモノ／コトに付与され，付与された語彙項目の指標番号情報が与えられる[13]。また，3 節の(12)で述べたように，V スギル構文の解釈を派生するためには，何らかの degree property を持つ語が必要である。その観察を踏まえて，［+deg］素性という素性があると考える。［+deg］素性とは，Numeration で［target］素性が付与されるときに必ず共に付与されなければならないもので，［+deg］素性が付与された語彙項目が Lexicon から degree property を持っていれば［+deg］素性はその場で削除され，付与された語彙項目が degree property を持っていない場合，degree property を持つ語（または句）と Merge して初めて削除されるものである。つまり，結果的に degree property の存在を保証するためのものである。たとえば，(18a)のように，語彙項目が指標番号を持ち，［target］素性・［+deg］素性を「選ぶ」が持つ場合，［target］素性に「選ぶ」が持つ x3 が与えられ，(19a)のようになる[14]。動詞が Lexicon から <量, ＿> などの degree property を

---

[13] Chomsky(1995)以降の生成文法モデルを背景にしている統語意味論は，指標番号については特別な仮定を持たないが，素性の扱いについてはいわゆる一般的モデルと異なる点がある。生成文法において，素性は統語計算で用いられる計算の指示を表す「指令の束」のようなものであるが，統語意味論は，それを踏襲しつつも，拡張している。統語意味論では解釈不可能素性について，「それ以上 Computational System の操作が適用できなくなった段階で，解釈不可能素性を含んでいない表示は適格であり，解釈不可能素性が残っている表示は不適格とする（上山 2015: 13, (6)）」と述べている。つまり，構造を作るために必要な指令の一つとして指定されている解釈不可能素性を，構造構築によって削除していくことになる。本論文の［+deg］素性はまさにその意味での解釈不可能素性であり，削除されなければ，その表示は解釈されない。また，解釈不可能素性の利用例として，統語意味論では，動詞とその項との関係など，ある語とある語の関連付けに指標番号を用いる場合があるが，［target］素性はそのような役割を担う素性の一例といえる。

[14] (19a)は，選ばれた論文がたくさんある状況であるのも事実なので，［target］素性が「論文」に付与されるべきであると考える人もいるかもしれない。その場合，「論文」そのものに <量, ＿> という degree property があると仮定せざるをえない。たしかに，「美人すぎる」に不自然さを感じないのは，「美人」が <美しい, ＿> の degree property を持っているためであると考えられ，「論文」のような名詞が degree property を持つことは不自然なことではない。しかし，「論文すぎる」は不自然であり，仮に，「論文っぽさ」が過剰とい

持っているとすると,「選ぶ」は degree property である<量, __>を持つため,[+deg]素性は削除される.また,「論文」が[target]素性・[+deg]素性を持つとすると,[target]素性に x2 が与えられ,(19b)のようになる.「論文」は degree property を持たないため,[+deg]素性が残るが,「難しい」と Merge すると,「難しい」が degree property である<難しい, __>を持つため,[+deg]素性は削除される(図3).

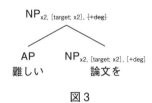

図3

(18) a. 学生 x1 が論文 x2 を選び x3 すぎた.
　　 b. 学生 x1 が難しい論文 x2 を選び x3 すぎた.

(19) a. 学生 x1 が論文 x2 を選び x3, [target; x3], [+deg] すぎた.
　　 b. 学生 x1 が難しい論文 x2, [target; x2], [+deg] を選び x3 すぎた.

(19a)の場合,(20a)に示すように,[target]素性は過剰の意味が与えられる相手が x3 であるという情報を持って,daughter から mother へと伝わる.これを継承と呼ぶ.そして,最終的に[target]素性を持つものとスギが Merge することで((20a)),スギに x3 という情報が加えられる((21a)の網掛け).

(20) a. (19a)の樹形図　　　b. (19b)の樹形図

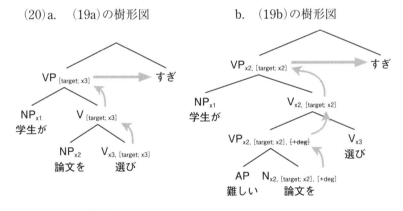

う解釈ができたとしても,「論文が多すぎる」という解釈にはならない.そのため,本論文では「論文」に<量, __>があり,(19a)で「論文」に[target]素性が付与されると仮定しない.(19a)の選ばれた論文の量がたくさんあるという状況は,「論文を選ぶ」デキゴトがたくさん起きた結果であると考えられるため,(19a)では「選ぶ」に[target]素性が付与されるとする.もちろん,「論文を読みすぎた」に,読んだ論文が複数ある状況と1つしかない状況のどちらもあるように,どのような degree property を持つかは動詞の性質によって異なる.

(21) a. (20a)のスギ   b. (20b)のスギ

< x3 , {< __ , 過剰 >} >   < x2 , {< __ , 過剰 >} >

(22) a. 選ぶ x3

<x3, {<Kind, 選ぶ >, <Agent, 学生 >, <Theme, 論文 >, <Time, Perfect>, < 量 , __ >} >

b. 論文 x2

<x2, {<Kind, 論文 >, < 難しい , __ >} >

このように，［target］素性は，「選ぶ」の指標番号とスギの指標番号を同じにする働きをする。統語論での構造構築によって，(21a)と(22a)が作られると，解釈部門において，同じ指標番号を持つものが組み合わせられて，(23a)の表示が派生され，「たくさん選びすぎ」という解釈が作られる。

(23) a. (21a) + (22a)

<x3, {<Kind, 選ぶ >, <Agent, 学生 >, <Theme, 論文 >, <Time, Perfect>, < 量 , __ >, < __ , 過剰 >} >

b. (21b) + (22b)

<x2, {<Kind, 論文 >, < 難しい , __ >, < __ , 過剰 >} >

また，(19b)の場合は，構造構築によって，「論文」が持つ [+deg] 素性は，「難しい」と Merge するため，削除される。(20b)の構造が構築されると，(21b)と(22b)が作られ，解釈部門において，同じ指標番号を持つものが組み合わせられて(23b)の表示が派生され，「論文が難しすぎ」という解釈が作られる。

　このようにして，モノ／コトに degree property とスギが持つ過剰の意味(< __ , 過剰 >)がまとめられることによって，Vスギル構文の解釈が作られる。

　文が一つ一つの語彙項目で成り立っているとすると，文の意味も一つ一つの語彙項目の組み合わせで作られていくはずである。一つ一つの語彙項目の組み合わせで作られる表示が文の意味の基盤だと考える場合に，必ずしも文が持つ意味のすべてを構造構築で決定しなければならないとは限らない。構造構築の結果物から計算されて導かれる意味もあるはずである。このように考えると，スギが持つ過剰の意味がどのモノ／コトに与えられるかが統語論において決定され，過剰の意味がそのモノ／コトが持つどの property と結び付くのかは，構造構築後に決定されると考えるべきではないだろうか。

4.2. 構造条件

　Vスギル構文では，[target]素性が継承されることによって，解釈が作られるが，[target]素性が付与されるモノ／コトの構造的位置がどれほど深くても容認されるというわけではない。(24)を見てほしい。(24a)では，「論文が難しすぎる」という解釈が可能であるが，(24b)でその解釈は不可能である。以下，モノ／コトを表す語に□の文字囲いをする。

(24) a.　あの学部生は，難しい|論文|を選びすぎた。＝論文が難しすぎ

　　　b.　[[難しい|論文|を選んだ] 学生] がはりきりすぎて，発表に失敗した。≠論文が難しすぎ

そのため，いずれかで構造的制限があるはずである。改めて観察してみると，(24a)と(24b)は，「論文」が連体修飾節内にあるかという点に違いがある。つまり，「論文」のようなモノ／コトを表す語の構造的位置が，解釈可能性を決定しているのである。

　事実，(25)の位置にあるモノ／コトについての過剰の解釈は可能である。

(25) a.　健は論文を丁寧に|選び|すぎた。＝選び方が丁寧すぎ

　　　b.　花子は(目立ちたくなかったのに)派手な|帽子|をかぶりすぎた(せいで注目されて恥ずかしかった)。＝かぶった帽子が派手すぎ

　　　c.　花子は(1曲しか歌ってないのに)大きな|声|で歌いすぎ(て，喉がガラガラになっ)た。＝声が大きすぎ

　　　d.　(舞台のおばあさん役なので，いつも高齢の人が演じ，独特の存在感で好評を博してきたが，今回に限って)若い|人|が演じすぎ(て，存在感を出し切れなかっ)た。＝演じた人が若すぎ

一方，(26)のように，モノ／コトを表す語が連体修飾節内にある場合は，スギが持つ過剰の意味が及ばない。

(26) a.　健は[[花子が小さく|書い|た] 字] を読み過ぎた。≠健は花子が書いた小さ過ぎる字を読んだ　　　(cf. 由本 2005: 259, (66b))

　　　b.　[[派手な|帽子|を買った] 女の子] がお金を使いすぎて，後悔していた。≠帽子が派手すぎ

　　　c.　[[体の大きな|人|が乗った] ゴンドラ] を揺らしすぎた。≠人の体が大きすぎ

15

そこで，(27)のように考えたらどうだろうか。

(27) [target]素性はTPを越えて継承されない。

(24)をもう一度見てみると，(24b)で「難しすぎる」という解釈が容認されないのは，(28b)に示すように「論文」が連体修飾節内にあり，[target]素性がTPまで継承されても，それ以上継承されないためである。その結果，図4に示すようにスギは[target]素性を持つものとMergeすることができない。

(28) a. 学生が難しい論文 x2, [target; x2] を選びすぎた。

b. [NP [TP [VP 難しい論文 x2, [target; x2] を選ん] だ] 学生] がはりきりすぎた。= (24b)

図4の構造が構築されると，(29)のようにスギの指標番号が決まらないことになる。その場合，解釈部門でx2である「論文」と組み合わされず，「論文が難しすぎる」という解釈が作られない。

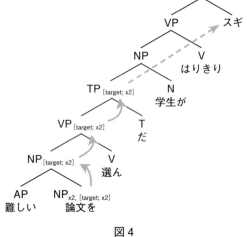

図4

(29) (28b)のスギ

< ，{< __ , 過剰 >} >

cf. (21b)

<x2, {< __ , 過剰 >} >

ここで，なぜ(13)や(16)が容認されうるのかについて，もう一度考えておきたい。(13)や(16)が容認されうるのは，(30a, b)に示すように，「論文」が[target]素性を持っているからであろう。

(30) a. 健は，[[ややこしく書かれた] 論文 x2, [target; x2]] を選びすぎた。

b. 田中先生が [[わかりやすく書かれてない] 論文 x2, [target; x2]] を選びすぎた。

連体修飾節内の語彙項目に[target]素性が付与されると継承が阻害される

16

が,「論文」に付与されている場合は,[target]素性の継承が阻害されず,「論文」が持っている property について過剰であるという解釈が生じる可能性があるのである。

　以上の分析では,ヲ格名詞句の修飾部には過剰の解釈が及ぶが,ガ格名詞句の修飾部には及ばないという由本(2005)の指摘は説明されない。しかし,本論文では,その非対称性は検討の必要があり,そもそも文法の説明対象ではないのではないかと考えている。なぜなら,ガ格名詞句の修飾部でも,(25d)や(31)のように,文脈を設定すると,はるかに容認しやすくなるためである[15]。

　(31)　エミは,自分が踊る直前に,<u>きれいなダンサーが踊りすぎて</u>,そのあとに踊るのが嫌になった。＝直前のダンサーがきれいすぎ

ガ格名詞句の場合の容認性については,容認可能であるとする話者もいれば,容認不可能であるとする話者もおり,意見が分かれる。しかし,容認性の調査を行ったところ,九州大学の学部生を中心とした延べ65人のうち,ヲ格名詞句の修飾部に過剰の解釈が及ぶと判断したのは62%,ガ格名詞句の修飾部に過剰の解釈が及ぶと判断したのは51%であった[16]。この結果をもって,ガ格名詞句の修飾部に過剰の解釈が及ぶと断じることはできないが,過剰の解釈が及ぶと判断する話者もいるということであり,(25d)や(31)の解釈は必ず容認できないものとはいえない[17]。

---

[15] アマリニモという表現を用いると,容認性の違いが明確になる話者もいる。スギが書き言葉においてどのような使われ方をしているか調査した中村(2005)は,Vスギル構文のスギがアマリニモと共起しやすいことを指摘している。アマリニモを文に含めると,ガ格名詞句とヲ格名詞句に非対称性は感じられず,一方,(ii)では依然として「小さすぎる」という解釈が容認されないことが明確になる話者もいる。

(i)　a. 健は,あまりにも難しい本を読みすぎた。＝難しすぎ

　　b. 老人の役なのに,あまりにも若い人が演じすぎていて,違和感が強かった。＝若すぎ

(ii)　*健は [NP [CP 花子があまりにも小さく書いた] 字] を読み過ぎた。

　　(≠健は花子が書いた小さ過ぎる字を読んだ)　　　　　(cf. 由本 2005: 259, (66b))

[16] 本調査は九州大学基金の独創的研究支援による,2014 年に行った調査である。なお,調査にあたっては,南カリフォルニア大学の Hajime Hoji 氏らが主導している EPSA (Evaluation of Predicted Schematic Asymmetry)システムを用いた。その調査法について,Hoji (2015)で意義が論じられている。詳細は,Hoji (2015)を見てほしい。

[17] 容認性にばらつきがみられるのは,スギが,動詞句とヲ格名詞句の構成物と Merge することも,動詞句とヲ格名詞句の構成物にガ格名詞句が Merge した構成物と Merge する

ただし，(32)のように，文法的と予測されるものの中にも，容認性が低い例はある。

(32)?? 健は難しい仕事を頑張りすぎた。＝頑張った仕事が難しすぎた

どうやら，(32)のように「頑張る」といった動詞とスギが接続している場合，ヲ格名詞句にもガ格名詞句にも，スギの過剰の意味が及びづらいようである。このような観察については，個別の記述が必要であり，文法性の問題ではないと考えている。

5. 結論

本論文では，構造的に離れた２つの要素が意味的に関係を持つ構文であるＶスギル構文について，統語意味論を背景にした分析を提案した。スギが持つ過剰の意味が「何(モノ／コト)」に与えられるかが統語論において決定され，過剰の意味がそのモノ／コトの「どのような側面(degree property)」と結び付くのかは，構造構築後に決定されると考えるべきであるとすることで，より広範な現象を説明できるということを主張した。本論文では，(13)–(16)などの例をあえて検討することで，構造構築のシステムがＶスギル構文の解釈にどこまで関与しているかを考察した。

本論文の分析は，Ｖスギル構文と同じく構造的に離れた要素が意味的に関係を持つ構文である比較相関構文にも援用可能である。さらにどのような広がりを持つか今後検討をしていく。

こともあるためではないだろうか。ヲ格名詞句までしかスギの過剰の意味が及ばない話者は，前者とスギを Merge させており，ガ格名詞句にまでスギの過剰の意味が及ぶ話者は，後者とスギを Merge させていると考えられる。なお，ガ格名詞句よりも高い位置でスギがMerge することは，由本(2005)が指摘する(i)の事実からみても，不可能である。(i)では，「確かに」「明らかに」「運良く」といった副詞についての過剰の解釈が生じない。

(i) a. 健は，確かに [$_{VP}$ 勉強し過ぎ] た。(≠健が勉強していることが確かすぎる)

　　b. 彼女は，明らかに [$_{VP}$ 子供を甘やかしすぎ] ている。(≠彼女が子供を甘やかしていることが明らかすぎる)

　　c. 私は，運良く [$_{VP}$ 大学に入りすぎ] た。(≠私が大学に入ったのが運良すぎた)

(cf. 由本 2005: 258, (63))

参照文献

井本亮（2008）「限界点を超える——「V-すぎる」の意味計算と解釈コスト——」岩本遠億（編）『事象アスペクト論』pp. 323–368，開拓社．

上山あゆみ（2015）『統語意味論』名古屋大学出版会．

影山太郎（1993）『文法と語形成』ひつじ書房．

影山太郎・由本陽子（1997）『日英語比較選書⑧　語形成と概念構造』中右実（編），研究社出版．

中村嗣郎（2005）「「すぎる」構文——書き言葉における実例の分析——」『コミュニケーション科学』第 22 号，pp. 139–177.

由本陽子（2005）『複合動詞・派生動詞の意味と統語——モジュール形態論から見た日英語の動詞形成——』ひつじ書房．

Baker, Mark C. (1988) *Incorporation: A theory of grammatical function changing.* Chicago: The University of Chicago Press.

Chomsky, Noam (1995) *The minimalist program.* Cambridge, Massachusetts: The MIT Press.

Hoji, Hajime (2015) *Language faculty science.* Cambridge: Cambridge University Press.

Nakanishi, Kimiko (2004) On comparative quantification in the verbal domain. *Proceedings of the 14th Semantics and Linguistic Theory Conference* 14. pp. 179–196.

Sugioka, Yoko (1986) *Interaction of derivational morphology and syntax in Japanese and English.* New York: Garland.

付記

　本稿の執筆にあたり，査読の先生方，九州大学の上山あゆみ先生より，大変有益なコメントをいただきました。心より感謝申し上げます。

（最終原稿受理日 2017 年 9 月 4 日）

研究ノート　　　　　　　　　　　　　　　『日本語文法』18巻1号（2018年）

他動詞可能文における例外的格パターンの出現 *
──主格保持の原則をめぐって──

石田　尊（筑波大学）・田川　拓海（筑波大学）

要旨

　現代日本語の可能文には従来，ガ-ヲ，ニ-ガ，ガ-ガの三種の格パターンが存在することが認められてきたが，ニ-ヲパターンの可能文については存在しないものとして退けられてきた。しかし，可能文与格主語の容認度を高める条件と，対格目的語の容認度を高める条件とをともに満たした文を想定した場合，十分に容認度の高い，文法的な可能文が得られることを本稿では指摘する。ニ-ヲパターンの他動詞可能文は与格主語の自動詞可能文とともに主格保持の原則（柴谷（1978））の例外となり，かつ抽象格や形態格をめぐる先行研究にとっても重大な意味を持つものである。

キーワード：主格付与，与格-対格配列，ニ-ヲパターン，可能文，他動性

An Exceptional Case Pattern
in Transitive Potential Sentences in Japanese:
Shibatani's Principle Revisited

ISHIDA Takeru（University of Tsukuba）
TAGAWA Takumi（University of Tsukuba）

Abstract

　This paper presents facts concerning potential transitive sentences and argues that a dative-accusative case pattern is acceptable in modern Japanese, which contradicts

---

＊ 本稿は「日本語統語論研究の広がり──理論と記述の相互関係」ワークショップ（2017年3月27日，於筑波大学東京キャンパス）にて「可能文の格パターンと他動性再考」と題して発表した内容をもととしている。発表に際しご助言等をくださった皆様に感謝申し上げる。なお，本研究はJSPS科研費15K16758の助成を受けたものである。

arguments set forth in previous studies. We demonstrate that, for this pattern to be permitted, it is necessary to satisfy the contrastive condition on a dative subject and the transitivity conditions on an accusative object. The existence of this pattern casts doubt on Shibatani's (1978) principle, which requires a nominative case to be present in every matrix clause in Japanese, in addition to theories on abstract case and morphological case in Japanese, including recent generative linguistic studies.

Keywords: Nominative case assignment, Dative-accusative pattern, *ni-o* pattern, Potential sentence, Transitivity

1.　はじめに

　日本語の可能文のうち，他動詞＋可能形態素という形式の述語を持つもの（以下，他動詞可能文）には，周知のようにガ–ヲ，ニ–ガ，ガ–ガの３つの格パターンが現れ，ニ–ヲパターンは現れないとされている。

　　(1)　a.　太郎がバスク語を話せる(はずがない)

　　　　b.　太郎にバスク語が話せる(はずがない)

　　　　c.　太郎がバスク語が話せる(はずがない)

　　　　d.＊太郎にバスク語を話せる(はずがない)

　このことは，柴谷(1978)における「主格保持の原則」の提案とも相まって，その後の可能文および主格認可の研究史における議論の前提となってきたと言える。しかし，可能文における与格主語の容認性を高める条件と，対格目的語の容認性を高める条件とをともに満たすことで，文法性に問題のない可能文が得られることを本稿では指摘する。

2.　主格保持の原則と可能文

　Shibatani(1977)の 'surface case canon'，および柴谷(1978)の「主格保持の原則」はともに，日本語の非埋め込み文には最低１つの主格要素が必要となることを述べている。ここでは主格保持の原則を中心に確認する[1]。

1　Shibatani(1977)の 'surface case canon' とは以下のような図式で示されるものである。

　(i)　NOM $_1^n$ ACC1 $_0^1$ DAT $_0^n$ ...　　　　　　　　(Shibatani(1977: 807, (60)))

このスキーマは，主格 NP の出現に関しては(2)と同様の内容を主張する。

石田　尊・田川　拓海

(2)　主格保持の原則(柴谷(1978: 256, (95))))

　　　「文」は少なくとも一つの主格名詞節を含んでいなければならない。

　柴谷(1978)において，(2)は(3)のような主格 NP を１つも持たない可能文の非文法性に関する議論の中で提示され，この(2)により，可能文与格主語の主格化と主格目的語の対格化とを随意的なものとしつつも，非文となる格の分布を排除することを可能としている。

(3)　a.　*陽子に(は)何を折れる？　　　　　　　(柴谷(1978: 252, (83))))[2]

　　　b.　*ノンちゃんにカタカナを読めたのですから……。

　　　　　　　　　　　　　　　　　　　　　　(柴谷(1978: 253, (89)ア))

　ただし，主格保持の原則には柴谷(1978)自体，および McGloin(1980)，Nagatomo and Nakagawa(1984)，長友(1986)，青柳(2006)において例外となる場合が指摘・検討されている。柴谷(1978)では(4)のように主格が生起しない自動詞の可能文の例が示されている(柴谷(1978: 267, 注20))。

(4)　a.　[太郎に泳げる]とは知らなかった。　　　(柴谷 ibid., (オ))

　　　b.　[太郎に泳げない]のならしかたがない。　(柴谷 ibid., (カ))

　　　c.　波が高くても[太郎には泳げます]　　　(柴谷 ibid., (サ))

　柴谷(1978)以降の先行研究において主格保持の原則の例外として取り上げられる例も，基本的に(5)のような自動詞可能文の例である。

(5)　a.　私にはそんなに速く走れません。　(McGloin(1980: 67, (9)b))

　　　b.　こんな不衛生な場所でも太郎には働ける。

　　　　　　　　　　　　　　　(Nagatomo and Nakagawa(1984: 60, (8))

　　　c.　君にはまだまだ働ける。　　　　(青柳(2006: 59, (24)b))

　一方，他動詞可能文による主格保持の原則の例外，つまりニ–ヲパターンの可能文については，先行研究は基本的に，文法性に問題のないものは存在しないとしてきた[3]。柴谷(1978: 267, 注20)では，(6)のような文法性の判定とともに目的語を含む場合には(4)と同じような環境であっても主格保持の原則が働くようだとしている。

---

[2]　本稿では先行研究からの引用の際に，分かりやすさのため表記を変更することがある。

[3]　井上(1976: 103–105)でも，目的語繰り上げ規則により目的語が「が」を伴う場合にのみ可能文の主語に「に」が(任意に)付加されるとしている。

22

他動詞可能文における例外的格パターンの出現

(6) a. *?［太郎に英語を話せる］とは知らなかった。　（柴谷 ibid., (キ)）

　　b. *?［太郎に英語を話せない］のならしかたがない。（柴谷 ibid., (ク)）

　　c. *?いくら頑張っても［太郎には英語を話せない］（柴谷 ibid., (シ)）

　長友(1986)では，与格主語可能文に関する調査結果をもとに，「目的語となる名詞句に「が」ではなく「を」が付く限り，「は」や「も」の助詞の働き，埋め込み文，コンテキスト，与格主語と対照的な名詞句の存在，に関係なく，与格主語他動詞可能文は許容文とならない（長友(1986: 14)）」としている。長友(1986)が調査対象とした例の一部とその調査結果を(7)に示す。

(7) a.　太郎には三ヶ国語を話せる。

　　　　○：16%，?：14%，×：70%　　　　　（長友(1986: 11, ㉚)）

　　b.　太郎に三ヶ国語を話せるなんて思ってもみなかった。

　　　　○：39%，?：9%，×：52%　　　　　　（長友 ibid., ㊷)）

　青柳(2006)では，日本語の基本文型に関して「日本語の他動詞文では，主語は潜在的に主格または与格で，目的語は対格または主格で表示される可能性がある。しかしながら与格-対格という格配列は実際にはみられない。（青柳(2006: 57)）」とした上で，(8)の例を注の中で検討している[4]。

(8)　ぼくにはそんなことを言えない。　　（青柳(2006: 109, 注 13, (i))）

　青柳(2006)は，(8)は(9)a よりは容認度が高いが，(9)b, c の例と比べると容認度が完璧だとは言えないこと等を指摘し，やはり与格-対格の文は容認度が低い（青柳(2006: 109–110, 注 13)）と結論づけている。

(9) a. ??ぼくには そんなことが 言えない。　　　　（青柳 ibid., (ii)）

　　b.　ぼくには そんなことは 言えない。　　　　（青柳 ibid., (iii)a）

　　c.　ぼくには そんなこと∅ 言えない。　　　　（青柳 ibid., (iii)b）

　以上のように，管見の限りではあるが，ニ-ヲパターンの他動詞可能文に文法性に問題のないものが存在するとした先行研究は存在しない[5]。しかしながら，実際には文法的なニ-ヲパターンの他動詞可能文が存在するのである。

---

[4]　(8)は齋藤衛氏(個人談話)の例とのことである。なお，可能文について青柳(2006)は，本文中でも「与格-対格という配列はやはり存在しない。（青柳(2006: 58)）」としている。

[5]　Ura(2007)では関西方言における関連現象を取り上げているが，共通語はニ-ヲパターンを持たないとしている。

23

次節では，ニ–ヲパターンの他動詞可能文について検討を行う。

3. 他動詞可能文におけるニ–ヲパターンの存在

　現状において，容認度の高いニ–ヲパターンの可能文と考えられるものには，以下のようなタイプがある[6]。

(10)a.　ぼくにはサマンサが求めるものを与えてあげられない。

『美しき暗殺者――闇の使徒たち V』
ヴァージニア・カントラ(著)，新号友子(訳)，2005 年

　　b.　僕には君を助けてやれない。

(11)a.　僕にはあの学生を指導できないようです。

　　b.　僕にはこのパソコンを直せないらしい。

(12)a.　僕にはこの部屋の温度を低く下げられない。

　　b.　僕にはポチの犬小屋を元通りに直せない。

　(10)は述部にテル等の形式が現れるタイプである。このタイプでは対格の認可はテ節内で，可能形態素とは独立して起こるとすれば，前節でみた自動詞可能文の一種とすることもできるかもしれない。しかし(11)では，ヨウダ，ラシイのような助動詞が後接しているものの，これらの例を他動詞可能文だと認めないという理由は見当たらない。(12)では，対格 NP の結果の二次述部が現れているが，主節述部自体は否定が現れているだけで，推定の助動詞などは後接していない。したがって(11)(12)については確実に，他動詞可能文による主格保持の原則の例外として認められるものと考えられる[7]。

---

[6]　(10)a のみ実例である。また(10)b，(11)(12)の各例については，二十代の男女計 7 名の母語話者によるチェックを行ってある。チェックは○(自然)，?(少し不自然)，??(かなり不自然)，＊(完全に不自然)の 4 段階で依頼し，大まかな傾向をみるために，○:0，?:1，??:2，＊:3 として加算し平均を求めた。少人数の調査であり議論の根拠とするにはさらなる調査が必要だが，参考として結果を紹介すると，(10)b，(11)a，(12)a が 0.000(全員が自然と回答)，(11)b，(12)b が 0.143(7 人中 1 人が「少し不自然」と回答)であった。

[7]　(11)(12)より若干容認度は低下するが十分に容認可能なものとして，以下(ii)(iii)のようなタイプがあることも指摘しておきたい。(ii)は結果の二次述部ではなく副詞が現れているもの，(iii)は同じく副詞が現れるがその必要性が高いと考えられるものである。

　(ii) a.(?)僕にはこの部屋の温度をうまく下げられない。
　　 b.(?)僕にはポチの犬小屋をうまく直せない。

続いて，この種の他動詞可能文の容認度が高まる条件を検討する。

可能文においてもとの動詞の外項が与格形式で容認される条件としては，対照的(contrastive)な文脈が必要なことが指摘されている(McGloin(1980)，Nagatomo and Nakagawa(1984)，長友(1986))。否定文はそれ自体が対応する肯定文との対照的な含意を示しやすいこと(McGloin(1980: 73))，可能文与格主語に対照的な含意を保証する特定の助詞や特定の構文への埋め込みで容認度が高まること(長友(1986))等が指摘されているが，ニ–ヲパターンの可能文も(13)のように肯定文と否定文では否定文の容認度が高く，(14)のように長友(1986)の言う特定の構文に埋め込めば，肯定文でも容認度は高まる。

(13) a. 僕にはこの部屋の温度を低く下げられません。

b. ? 僕にはこの部屋の温度を低く下げられます。

(14) a. ＊太郎にこのパソコンを直せる。

b. ? 太郎にこのパソコンを直せるなんて思ってもみなかった。

もとの動詞の内項が可能文において対格形式で容認される条件については，青木(2008)において，Hopper and Thompson(1980)の他動性仮説とつきあわせる作業が行われている。議論の細部は異なるが，ニ–ヲパターンの他動詞可能文においても，他動性が高い場合に対格標示の容認度が高いようである。

(15) a. 結局僕にはこのパソコンを直せないらしい。

b. ?? 結局僕にはパソコンを直せないらしい。

(iii) a. (?)僕にはあのコを悪く言えない。

b. (?)僕にはあの人をそんなにぞんざいに扱えない。

(ii)(iii)の各例についても注6と同様のチェックを行い，同時にチェックした(4)c(柴谷(1978)の例)と同等程度には自然なものという結果を得ている((4)c:0.714，(ii)a:0.571，(ii)b:0.571，(iii)a:0.429，(iii)b:0.429)。なお(12)と(ii)の容認度の差については，(iv)のような分析的な可能表現の文において「低く」は主節述語を修飾しないが，「うまく」は主節述語を修飾するため，こうした分析的可能表現との類推関係を認めれば(12)と(ii)の容認度の差が予測できる，という指摘を査読者のお一人からいただいた。

(iv) a. ＊僕にはこの部屋の温度を下げることが低くできない。

b. 僕にはこの部屋の温度を下げることがうまくできない。

筆者らの内省では，以下(v)の構造においては「低く」同様「うまく」も「こと」節内に現れることなどから，(iv)a,bのような構造の分析的可能表現との類推関係を前提とした分析は採用せず，また分析的可能表現自体の分析については今後の課題とする。

(v) 僕には[この部屋の温度を {低く／うまく} 下げる]ことができない。

(16) a. (?) 結局僕にはまだこの DVD を捨てられないらしい。

b. ?? 結局僕にはまだこの DVD を観られないらしい。

(15)a, b では目的語の実体の個別性・具体性に異なりがあり，Hopper and Thompson (1980) の Individuation of O の要因に関して，より高い他動性を示す (15)a の方が容認度が高くなっている。また (16) では，目的語の実体に対するより強い影響性が読み取れる (16)a の方が容認度が高い。これは同じく Hopper and Thompson (1980) の Affectedness of O の要因に関して，より高い他動性を示す (16)a の方が容認性が高いということである。

ここで重要なのは，可能文の与格主語や対格目的語に関して先行研究が指摘してきた事実が原則としてそのまま，ニ−ヲパターンの可能文にも適用できるということであり，主格保持の原則の例外となるということを除けば，ニ−ヲパターンの他動詞可能文は他の可能文と同様の条件に従って容認度を変化させているという事実である。つまり容認度の観点からは，本稿が示したようなニ−ヲパターンの他動詞可能文を特殊なものとして扱う必要はなく，一般的な可能文の一種として認めることに問題はないのである。

4. 理論的な含意

時制文において主格が現れない可能文が存在することは，主格保持の原則だけでなく，時制要素の存在と主格の認可を関連付ける分析 (Takezawa (1987)，Ura (2000)，Hiraiwa (2005) 等) にとっても大きな問題となる。また，本稿において確認されたニ−ヲパターン，つまり与格主語と対格目的語の他動詞可能文は，格付与を統語的に捉えようとする先行研究だけでなく，Marantz (1991) 以降多くの言語に対して適用が試みられるようになった，格形態の分布を統語構造とはある程度切り離して考える形態的アプローチにとっても避けては通れない問題である。たとえば青柳 (2006) の分析では与格の ni は固有格とされ，(17) において対格付与の前提となる無標の名詞句としては機能しないため，ニ−ヲパターンの文は排除されてしまうことになる[8]。

---

[8] 本稿 (10) のテ節を含む例では，テ節内に pro 等の空範疇を認め，(17) を満たす構造となっていると認めることもできるかもしれないが，(11) (12) ではそうした想定は難しい。

(17)　対格付与規則（青柳（2006: 66,（36）））

　　　対格の o は，最小の時制文において，別の無標の名詞句に c 統御
　　　される無標の名詞句に対して付与される。

　以上のように，本稿が示したニ–ヲパターンの他動詞可能文は，格に関す
る理論的研究にとっても重要な現象であり，例外的，周辺的な現象として
退けられるべきものではない[9]。近年の可能文に対する生成統語論研究におい
ては，ニ–ヲパターンの可否への言及そのものが少なく，可能な格パターン
の派生や各名詞句の性質が掘り下げられる傾向があるように見受けられる
（Kishimoto（2004），Funakoshi and Takahashi（2014）等）。ニ–ヲパターンの
存在を認めた場合，これらの日本語を対象とした格に関する理論・モデルの
ほとんどが修正を迫られることになるのである。一方で，類型論的には与
格–対格の組み合わせが可能な言語も存在しており（青柳（2006: 110, 注14）），
新たな対照言語学的，比較統語論的研究の道を拓く可能性もある。

参考文献

青木ひろみ（2008）「可能表現の対象格標示「ガ」と「ヲ」の交替」『世界の日本語教育』
　　18，pp. 133–146.

青柳宏（2006）『日本語の助詞と機能範疇』ひつじ書房.

井上和子（1976）『変形文法と日本語（上）』大修館書店.

柴谷方良（1978）『日本の分析』大修館書店.

長友和彦（1986）「文文法と談話文法——日本語の与格主語可能文を中心に——」『白馬夏
　　季言語学会論文集』創刊号，pp. 1–16，白馬夏季言語学会.

Funakoshi, Kenshi and Masahiko Takahashi（2014）"LF intervention effects and
　　nominative objects in Japanese," *UPenn Working Paper in Linguistics*, 20-1, pp.
　　100–110.

Hiraiwa, Ken（2005）Dimensions of Symmetry in Syntax: Agreement and Clausal
　　Architecture. Ph.D. Dissertation, MIT.

Hopper, Paul J. and Sandra A. Thompson（1980）"Transitivity in grammar and
　　discourse," *Language*, 56-2, pp. 251–299.

---

[9]　最適性理論を用いた Woolford（2001）も日本語はニ–ヲパターンを持たない言語としてい
る。また，特定の理論的モデルに依らず記述に重点を置いた Kishimoto（2017）においても
ニ–ヲパターンの不在と主格不在に対する制約が示されている（Kishimoto（2017: 126））。

石田　尊・田川　拓海

Kishimoto, Hideki（2004）"Transitivity of ergative case-marking predicates in Japanese," *Studies in Language*, 28-1, pp. 105–136.

Kishimoto, Hideki（2017）"Valency and case alternation in Japanese," In Taro Kageyama and Wesley M. Jacobsen（eds.）, *Transitivity and Valency Alternations*, pp. 125–154, Berlin & Boston: De Gruyter Mouton.

Marantz, Alec（1991）"Case and licensing," In German Westphal, Benjamin Ao, and Hee-Rahk Chae（eds.）, *Proceedings of the Eighth Eastern States Conference on Linguistics*, pp. 234–253.

McGloin, Naomi Hanaoka（1980）"Ga/ni conversion re-examined," *Papers in Japanese Linguistics*, 7, pp. 65–77.

Nagatomo, Kazuhiko and Yukiko Nakagawa（1984）" 'NP-ni V_i-Potential' in Japanese,"『神戸大学教育学部研究集録』72, pp. 59–65, 神戸大学教育学部 .

Shibatani, Masayoshi（1977）"Grammatical relations and surface cases," *Language,* 53-4, pp. 789–809.

Takezawa, Koichi（1987）A Configurational Approach to Case-Marking in Japanese. Ph.D. Dissertation, University of Washington.

Ura, Hiroyuki（2000）*Checking Theory and Grammatical Function in Universal Grammar*. Oxford: Oxford University Press.

Ura, Hiroyuki（2007）"Long-distance case-assignment in Japanese and its dialectal variation,"『言語研究』131, pp. 1–43.

Woolford, Ellen（2001）"Case patterns," In Géraldine Legendre, Jane Grimshaw and Sten Vikner（eds.）, *Optimality-Theoretic Syntax*, pp. 509–543, Cambridge, Massachusetts: MIT Press.

（最終原稿受理日 2018 年 1 月 26 日）

書評論文　　　　　　　　　　　　　　『日本語文法』18 巻 1 号（2018 年）

仁田義雄著『文と事態類型を中心に』（くろしお出版，2016 年）

有田　節子（立命館大学）

キーワード：命題，モダリティ，意味的類型，状態，属性

On Sentence and Situation Types
by NITTA Yoshio

ARITA Setsuko（Ritsumeikan University）

Keywords: propositions, modalities, situation types, states, attributes

1.　はじめに

　『文と事態類型を中心に』（以後「本書」）は，仁田義雄氏（以後「著者」）による日本語文法全体を分析対象とする記述的研究である。日本語記述文法研究会による『現代日本語文法』シリーズが 2010 年に完結し，日本語文法の「記述」は一段落したという空気が学界を包んでいる今，文法研究者が，新しい切り口を模索している中で，本書は，命題の意味的類型，特に状態・属性のような静的事態の分析に重きを置くことで，これまでの文法記述で見落とされていた面に光をあてようとした労作である。以後，2 節で本書の概要を述べ，3 節では第二部で扱われている静的事態の分析のうち，日本語文法研究で活発に議論されてきた，いわゆる「テイル形[1]」と名詞述語文を取り上げて論じ，4 節でまとめを行う。

1　本書で「〈持続（継続）相〉と通例呼ばれているもの」（p. 178）として導入されている動詞の形態を本書にならって「テイル形」と呼ぶことにする。なお，本書では「テイル形」と「シテイル形」の両方が区別なく用いられているようである。「スル形」と「ル形」についても同様である。

29

有田　節子

2. 本書の概要
2.1 「第一部　文とモダリティを中心に」の概要

　本書は三部12章から構成される。第一部には文，モダリティ，述語に関する著者の基本的な立場が述べられる。第1章「文について」では，著者は文を「言語活動の基本的単位」(p. 15)とし，文の意味内容を命題的意味とモダリティ的意味に振り分けながら分析・記述することの必要性を説く。

　第2章「文の種類をめぐって」では，文を「動き・状態・属性」の3つに分け，時間的限定性を持つか否かで「動き・状態」と「属性」を分け，時間的展開性を持つか否かで「動き」と「状態」を分ける，本書の記述の基準となる意味的類型が提示される。

　第3章「モダリティについて」では，モダリティを「現実との関わりにおいてなされた，文の対象的な内容―命題内容―に対する捉え方，およびそれらについての話し手の発話・伝達的な態度のあり方を表した部分」(p. 80)とし，「事態そのものに存する話し手の描き取り方の現れ・異なりはモダリティとしない」(p. 80)という立場をとる。モダリティに「発話・伝達のモダリティ」「事態めあてモダリティ」「客体的モダリティ」の下位種を認めた上で，「発話・伝達のモダリティ」に文の成立・存在において重要な位置づけを与える。ただし，モダリティを表し分ける述語の形態変化(「ムード」と呼ばれる)については，「ムードは，テンスなどに比べて，形態論的カテゴリとして確立度が比較的低い」(p. 82)とされるにとどまっている。

　第4章「述語をめぐって」では，述語の機能を「文(節)が表す事態の骨格部分の形成」(p. 119)とし，従属節においてはその一部機能が「抑圧」(p. 123)され，以下のような節の階層構造(p. 134)を成すと述べている。

図　節の階層構造

［書評］　仁田義雄 著『文と事態類型を中心に』

著者は「述語の帯びうる文法カテゴリの多寡は，その述語が作る節の大きさ・文的度合いの大小である。」(p. 134)と述べており，その文法カテゴリにはヴォイス，肯否，アスペクト，テンスに加えモダリティも含まれる。

2.2 「第二部　命題の意味的類型との関わりにおいて」の概要

第二部は，本書の中心となる「静的事態」に関わる文タイプを中心に，特に奥田の考えに注目しつつ論が展開される。第 5 章「命題の意味的類型への概観」では，奥田(1996)が命題を出来事と特徴に分け，出来事をさらに動作と変化と状態に分ける際に，動作動詞のテイル形を「動作」とする一方で，変化動詞のテイル形が表す結果の状態を「状態」としている点について，著者は奥田の状態には動きが取り込まれすぎているのではないかと疑問を呈する。

著者は，時間的な内的展開過程を有しているのが動き，一次的にしか存在しえない同質的で一様なあり様が状態とした上で，問題のテイル形については，「状態として類別したものと共通する特徴を有していることを認めながら，事態そのものが有している内面的な一局面であると捉え，事態の意味的類型は動きである」(p. 156)という立場をとる。

第 6 章「状態をめぐって」でも，引き続きテイル形が取り上げられる。著者は，状態を「事態の発生・終焉の端緒を取り出せない，基準時点をまたいで限定された時間帯存続するモノの等質的なありよう」(p. 189)とする。「男が部屋で本を読んでいる」や「あれ，戸があいている」のような文はそれぞれ「主体運動主体非変化」，「主体変化」とされ，前者には発生の端緒も終焉の端緒もあるのに対し，後者には発生の端緒はあるが終焉の端緒はないと，その時間的性質の違いは認めながらも，状態は事態の発生の端緒を取り出せないものだから，これらの文は状態とはいえないと，やや歯切れの悪い説明になっている。テイル形と状態の問題については，3.1 節であらためて取り上げる。

第 7 章「属性を求めて」では，「モノが有している側面」にあって，状態は，「その側面での常ではない特例的なしたがって一時的なありよう・あり様」(p. 195)であるのに対し，属性は「その側面での常なるありよう・あり様」(p. 195)と，両者を区別する。そうしながらも，「常であるありようが属性として取り出される，というようなことは少ない」「通例からはずれた特

例的なありようであっても，永続性を持っていれば，属性として取り出される」(以上 p. 196)とも述べていて，「永続性」が両者を分かつように見える。なお，動詞文による属性表現については，「変動する事態を内に含みながら，モノに備わっている同質的で一様なありよう・あり様として捉え直さなければならない」(p. 210，下線は評者による)とも指摘しており，状態と属性が容易に峻別できないことが窺える。

　第 8 章「形容詞文についての覚え書」では，状態を表す形容詞文と属性を表す形容詞文に分けて論じられる。非過去形の形容詞文の状態用法として，現在・未来に存在する在り様，眼前現象としての在り様，外的な一次的状態としての在り様，感情・感覚，主客に渉る在り様，そして，属性の発話時における認定(「なかなかお上手ですね。」)があげられる。一方，このような特定の時間位置に位置づけられない非過去形の形容詞文が属性としての在り様を表すという。形容詞文のタ形の用法として，過去の現象・過去の感情や感覚・過去の外的な一時状態と共に，過去の属性としての在り様の用法があげられている。

　第 9 章「名詞文についての覚え書」では，著者は，名詞文を「モノのアリヨウを表す」ものと「同定を表す」ものに分ける。「モノのアリヨウ」を表す名詞文には属性を表すものと状態を表すものがあり，属性，状態の下位類は形容詞文と変わらないが，人に対するものが多いという点を名詞文の特徴としてあげている(p. 257)。ここで，同定を「名詞文固有の領域」としながらも，いわゆるコピュラ文に関する多くの先行研究には触れられていない。これについては，3.2 節で取り上げることにする。

　第 10 章「名詞の語彙—文法的下位種への一つのスケッチ」では，名詞の持つ統語的特徴が小規模な言語資料に基づく量的調査の結果を踏まえて述べられている。まず，名詞類を固有名詞・代名詞・人名詞・物名詞・事名詞・様名詞・時名詞・所名詞・動作性名詞の 9 種に下位分類している。動詞文の主語として現れる物名詞が人名詞の半数以下で，ヲ格補語として現れる人名詞が物名詞に比べ圧倒的に少ないことをもって，人名詞の統語的な特徴・機能の中心が主語になること，物名詞はヲ格補語になること，のように分析されている。一方，事名詞については主語とヲ格補語での現れ方に差がないとさ

[書評] 仁田義雄 著『文と事態類型を中心に』

れている。著者も認めるように，まだ一つの傾向の指摘にとどまってはいるものの，今後，大規模な言語資料で検証され，著者による名詞の意味分類が統語的機能にどう関係しているかが明らかになることが期待される。

2.3 「第三部 命題と文法カテゴリの相関をめぐって」の概要

第三部は事態の意味的類型・命題とテンスやモダリティとの「相互連関」(p. 299)が述べられる。第11章「事態の類型と未来表示」では，属性表現におけるテンス形式の現れ方と，非過去形が未来を表しうる事態が取り上げられる。まず属性がタ形で表されることがあるのは，その属性を認識・体験した時点が過去であることによるという。著者による「モノが帯びる属性というありようの存在時間と属性の帯びるモノの存在時間というものとを，分離して取り出すことができる」(p. 307)という洞察は興味深い。次に，述語の非過去形が未来を表しうる場合が「思ったほど多くない」(p. 325)こと，非過去形での未来表示が可能なのは，その事態の未来での発生・出現を発話時において話し手が「予測というあり方で把握できることが必要」(p. 325)と述べているのも重要である。

第12章「モダリティと命題内容との相関関係をめぐって」では，命題内容として描き出されている事態の意味的類型とモダリティの関係について，認識のモダリティにおける「確信」と「確認」の区別，情報把握のあり方，そして伝達機能が命題の意味的類型に与える現象について見解が述べられている。最終章として，第4章とも関連づけながら，本書の内容全体を総括することが期待されたが，残念ながら示唆するにとどまっている。

3. 議論：第二部を中心に

本節では，冒頭でも述べたように，第二部で扱われている状態，属性に関するテーマのうち，「テイル形」で表現される文の意味的類型と，名詞述語文の意味分類を取り上げる。

3.1 「結果状態」のテイル形は〈状態〉か

奥田(1996)が動作の持続のテイル形を〈動作〉，結果状態の持続のテイル

形を〈状態〉と分類するのは，著者も指摘しているように，〈状態〉にも「動き」を認めているからで，奥田が「他のものへのはたらきかけ」として特徴づける〈動作〉に結果状態が入りにくいからである。

　著者は，「動き」という用語を用い，「動き」が「発生・展開・終了という時間的な内的展開過程を有している事態」である一方で，「状態」は「発生・展開・終了という時間的な展開過程を有しているわけではない」と両者を区別する。その上で，動きの最中や結果状態の持続を表すテイル形について，「モノの等質的なありようが，ある限定を持った時間帯に出現・存在」「事態の示すモノの等質的なありようが，発話時をまたいで存続」(p. 177)していることを認めながらも，〈状態〉という事態を表すとは捉えない。

　著者はその根拠として，いずれにも「事態発生の端緒」があるからとしているが，動きの最中を表すテイル形には「事態終焉」の端緒があるのに対し，結果状態の持続のテイル形には，事態終焉の端緒はないとも述べているので，結果状態の持続を状態ではなく動きとする論拠としては弱く，奥田との違いは「動作」(奥田)と「動き」(著者)という用語が指し示す対象のずれにすぎない可能性がある。

　そこで評者は，著者のいう「事態終焉」に密接に関連する時間概念として「リセット時(reset time)」を取り上げたい。これは Igarashi & Gunji(1998) によって，「開始時」，「終結時」と共に，動詞の表す潜在的な事象の時間的性質を捉える重要な概念として導入されたもので，「再びその行為を行うことのできる状態になる時点」と定義できる。たとえば，「着る」のようないわゆる達成動詞[2]の場合，それが潜在的に表す事態の時間的性質は，「開始時＜終結時＜リセット時」(ただし，「A＜B」でAがBに時間的に先行することを表す)として特徴づけられる。「ケンがとなりの部屋で着物を着ている。」(「動きの最中」の解釈)は，開始時と終結時の間に位置づけられ，「ケンが格好よく着物を着ている。」(「結果状態の持続」の解釈)は，終結時とリセット時の間に位置づけられる。着物の着付けという行為は着付けが完了した時点である「終結時」に事態終焉を迎え，着物を着た結果の状態は脱衣した時点

---

[2] ここでは，Vendler(1967)に沿い，状態動詞(states)，活動動詞(activities)，達成動詞(accomplishments)，到達動詞(achievements)という4分類を認める。

である「リセット時」に事態終焉を迎えると捉え直すなら，結果状態の持続も「動き」とする著者の主張の妥当性を示す論拠となるのではないか[3]。「ケンは去年の花火大会で着物を着ている」のようないわゆる「経験・記録」の解釈はリセット時後に位置づけられるものであり，これについても事態終焉の端緒があるといってよいだろう。

なお，「鼻は高く，尖っている」(p. 209)のような動詞(「属性動詞」)のテイル形にはリセット時は設定できないので，動きではないといえるだろう[4]。

著者と奥田の主張にどれほどの隔たりがあるかは暫く措くとして，著者の「動き」と「状態」の区別は，リセット時導入で，より明確になると思われる。

3.2 「同定を表す」名詞文をめぐる問題

著者は名詞文を「モノのアリヨウを表す」ものと「同定を表す」ものに分類している。著者が「同定を表す」とするのは，「農薬の管理責任者は，私でした。」「君たちが書かねばならないのは"探偵小説"だ」「義父がころされたのは，夜の八時5分ごろ」のような文で，「主語名詞句の表す意味内容に該当する存在を探せば，述語名詞で指し示され表されるモノやコトに一致する」(p. 254，下線は評者)ものと定義されている。

一方，西山(2003: 132–145)は，名詞文「AはBだ」を「倒置指定文」と称し，「Aという1項述語を満足する値をさがし，それをBによって指定(specify)する」(西山2003: 135)と定義し，「等号や同一性という概念」(西山2003: 142)による分析(著者もこれに含まれる)を痛烈に批判している。

まず，同一性についてであるが，西山によれば，AとBが同一のものを指し示すためには，AもBも指示的でなければならず，それに該当するのは，「ジキル博士はハイド氏だ。」のようなAの指示対象とBの指示対象が同一であることを表すような文に限られるという。「農薬の管理責任者は，私でし

---

[3] 詳しくはIgarashi & Gunji (1998)を援用して日本語のアスペクトを分析した田窪(2008)を参照されたい。

[4] なお，「さっき見た男が死んでいる」や「昨日買ったキュウリが冷蔵庫で腐っている」のような事態は，複数の事態を想定しない限りリセット時は設定できず，単独事態では動きではなく状態とせざるを得ない。

た。」のような文の主語は，非指示的(あるいは「変項」)名詞句であり，同一性を表す文とはみなされない。

　また，西山は，倒置指定文(著者の「同定を表す」文)であっても，指示対象が同定されない場合もあるとし，下記のような例をあげている。

　　　　この芝居の主役は誰ですか。　　　　この芝居の主役は，太郎かしら。

　　　　　　　　　　　　　　　　　　(西山 2003: 143，下線は評者による)

たしかに，述部が真偽疑問あるいは疑問詞疑問の形をとる場合，指示対象は同定されえない。

　詳しい議論は省略するが，西山は，倒置指定文が同定の解釈を持つことはあるが，それは，倒置指定文の持つ解釈の一部であると主張している(西山 2003: 144)。勿論名詞述語文研究には西山とは異なり，むしろ，著者に近い立場をとるものも少なくない[5]。名詞述語文の意味的類型の精緻な分析を目指すのであれば，少なくとも，双方の代表的な研究を踏まえた上で論ずる必要がある。

4.　おわりに

　状態，属性のような静的事態の表現に光をあてた著者の文法記述の試みは，近年，注目されている「属性叙述」(影山編(2012)など)の文法研究にも貢献するなど，今後のさらなる発展が期待される。

　反面，「文」を意味記述の単位とし，それぞれの文がどのような事態を表すかを明らかにすることを目指した本書では，その記述が過度に意味に依存し，特に，述語はそれぞれの文の意味的類型の中で捉えられ，その形態(「カタチ」(宮岡 2015))が顧みられることはあまりない点が問題として指摘できる。たしかに，意味的な層状構造を形態連鎖と直接対応させることはできない(p. 78)ことから，形態に重きを置かないという立場も理解はできる。

　しかし，モダリティを表し分けるムードが形態論的に確立しにくいとはいえ，形態法の面からすると多種多様な表現を一つの文法カテゴリとしてみなし記述されていることに違和感を覚える読者も少なくないだろう。さらに，

---

[5] 坂原(2005)による西山(2003)のレビューや，西山(2005)に詳しい。

[書評] 仁田義雄 著『文と事態類型を中心に』

そのような表現と「命題との相互連関」を考察するという著者の試みは説得的とはいいがたい面もある。本書に限らず，現代日本語文法の記述的研究において形態に根拠を置くことから離れすぎるのは記述そのものの脆さにつながることを評者も含め日本語文法研究者は自覚する必要があると考える。

引用文献

奥田靖雄 (1996)「文のこと──その分類をめぐって──」『教育国語』2-22，pp. 2–14，むぎ書房.

影山太郎編 (2012)『属性叙述の世界』くろしお出版.

坂原茂 (2005)「西山佑司著，『日本語名詞句の意味論と語用論──指示的名詞句と非指示的名詞句──』」『日本語の研究』1-2，pp. 98–104.

田窪行則 (2008)「日本語のテンスとアスペクト──参照点を表すトコロダを中心に──」『日本文化研究』第 25 輯，pp. 5–20.

西山佑司 (2003)『日本語名詞句の意味論と語用論──指示的名詞句と非指示的名詞句──』ひつじ書房.

西山佑司 (2005)「コピュラ文の分析に集合概念は有効であるか」『日本語文法』5-2, pp. 74–91.

日本語記述文法研究会 (2003–2010)『現代日本語文法』(全 7 巻) くろしお出版.

宮岡伯人 (2015)『「語」とはなにか・再考──日本語文法と「文字の陥穽」──』三省堂.

Igarashi, Y. and Gunji, T. (1998) The temporal system in Japanese. *Topics in constraint-based grammar of Japanese*, ed. by T. Gunji and K. Hasida. Dordrecht: Kluwer, pp. 81–97.

Vendler, Z. (1967) *Linguistics in philosophy*. Ithaca: Cornell University Press.

（最終原稿受理日 2017 年 12 月 21 日）

書評論文 『日本語文法』18 巻 1 号 (2018 年)

早津恵美子著『現代日本語の使役文』(ひつじ書房, 2016 年)

前田　直子 (学習院大学)

キーワード：使役文，使役動詞，つかいだて，みちびき，ヴォイス

Causative Sentences in Modern Japanese
by HAYATSU Emiko

MAEDA Naoko (Gakushuin University)

Keywords: Causative Sentences, Causative Verbs, *tsukaidate* (exploitation), *michibiki* (guidance), voice

1.　はじめに

　本書は長年にわたり使役文の研究に携わってきた早津恵美子氏の集大成というべき研究書である。本書によれば，使役文に関する早津氏の最初の論文は 1991 年に発表され，その後 2006 年に京都大学に博士論文「現代日本語の使役文——文法構造と意味構造との相関」が提出された。しかし本書のほとんどの章は，その後に書かれた論文と書き下ろしからなる。ヴォイスは現在も文法研究の中心的なテーマの一つであり，この大著の刊行は多くの読者に歓迎されているが，それは，本書が近年の使役文研究には見られない数々の注目すべき知見を与えるものとなっているからである。本書評では，その中から 3 つの論点に焦点を当てる。なお本書は平成 29 年度新村出賞を受賞した。また以下で参照するページ番号は全て本書のものである。

2.　本書の構成と論点

　本書は全 5 部 15 章からなる。第 I 部の序論に続き，第 II 部では「使役文」の分類と諸タイプを論じ，第 III 部では「使役文」のヴォイスとしての特徴を

原動文（もとの文），および受身文と比較する。そして第Ⅳ部は「使役動詞」について，他動詞との関わり，従属節（条件節）述語となる場合，判断助辞へ近づく「感じさせる」「思わせる」を扱い，第Ⅴ部の結論に至る。

　本書の特に注目すべき論点は，それぞれ第Ⅱ・Ⅲ・Ⅳ部で取り上げられている次の3点である。

　　　1）　使役文の2つの文法的意味…「つかいだて」と「みちびき」
　　　2）　使役文の「もとの文」の捉え方とヴォイスの定義
　　　3）　使役文と使役動詞…単語中心主義

いずれも，現在一般的に認められている使役研究とは異なる見方が強く打ち出されている。奥田靖雄を中心とする言語学研究会の言語観・文法観に基づいた深い考察には，抽象的で難解な記述や一般にはなじみのない名称などが少なくないが，使役文と使役動詞の双方の本質に迫ろうとする魅力的な分析に満ちてもいる。以下では，この3点に論を絞り，見ていきたい。

3.　3つの論点をめぐって

3.1　使役文の2つの文法的意味…「つかいだて」と「みちびき」

　一般に使役文の意味として知られているのは，松下大三郎（1924）に始まるとされる（p. 52），「強制」と「許可」の2分類である（p. 85）。

　　　(1)　母親が子どもに命じて窓ガラスを<u>拭かせた</u>。　　　　　　「強制」
　　　(2)　子供が留学したいというので，1年間だけ<u>留学させる</u>ことにした。
　　　　　　　　　　　　　　　　　　　　　　　　　　　　　　　　　　「許可」

しかし本書は，動作主体が人の場合に有効な別の2分類を提案する。それが次の「つかいだて（他者利用）」と「みちびき（他者誘導）」である。

　　　(3)　太郎は花子に（太郎の）髪を<u>切らせた</u>。　　　　　　「つかいだて」
　　　(4)　太郎は花子に（花子の）髪を<u>切らせた</u>。　　　　　　「みちびき」

この2分類は本書の最大の主張の一つであり，「つかいだて／みちびき」と「強制／許可」との関係を示すと，表1のようになる（p. 88）。

　「つかいだて／みちびき」は，山田孝雄（1908）の「指令作用」「干与作用」という2分類を発展的に継承したものとされ，鈴木重幸（1972）でも一度取り上げられたものの，その後，積極的には採用されなかった使役文の分類である

（p. 6）。「つかいだて」は，使役主体が動作主体にある動作を行わせることによって，使役主体がその結果を享受するものであるのに対し，「みちびき」はその結果を動作主自身が享受するものである。「つかいだて／みちびき」は，結果として事態をどちらが享受するかという「後続局面／結果局面」に注目するのに対し，「強制／許可」は，動作主が事態を望んでいるかどうかといった「先行局面／原因局面」に注目した分類であるという違いもある（p. 118）。「つかいだて／みちびき」は意志動詞の使役文（使役構造，cf. p. 218）に限定される分類であるという制約を持つことを認めた上で（p. 9, 86），あえてこの新しい2分類に注目する意義として，次の3点が指摘されている（p. 86）。

表1 「つかいだて／みちびき」と「強制／許可」

	つかいだて（他者利用）	みちびき（他者誘導）
強制	(5)先生は帰ろうとしている学生をつかまえて大事な花瓶を<u>運ばせた</u>。	(6)母親は子供に無理やり牛乳を<u>飲ませた</u>。
許可	(7)学生たちが「ぼくたち気をつけて運びますから是非お手伝いさせてください」というので大事な花瓶を<u>運ばせる</u>ことにした。	(8)子供が「もっと飲みたい」というので，きょうは好きなだけ牛乳を<u>飲ませた</u>。

　第一に，この2分類の区別には動詞の語彙的意味（より厳密にはカテゴリカルな意味（p. 13））との関係が認められる点である。従来の「強制／許可」という使役の2分類は，動詞によっては決まらず，もっぱら文脈の解釈が必要となる。一方，原動詞のカテゴリカルな意味によって使役文の意味が決まるとの本書の主張は，例えば動詞のシテイル形の文法的な意味（進行・結果）の区別が動詞のカテゴリカルな意味の違いによって生じることと類似した現象であり（p. 15），この類似性は本書の新たな2分類を支持する大きな根拠となるだろう。本書は，使役文の意味を考えるために有効な動詞の分類として次の4種5類を提示し，大まかにいえば，対象変化志向の動詞は「つかいだて」に，また主体変化志向の動詞は「みちびき」になじむという傾向の違いが見られること（p. 98），また両者は相互に移行するが，そこには一定の特徴があること（p. 107）が指摘されている。

[書評] 早津恵美子 著『現代日本語の使役文』

表2　使役文の分析のための動詞分類

(a)対象変化志向の他動詞		切る，塗る，運ぶ，築く，押す	つかいだて
(b)やりとり	b-1　授与・発信型	譲る，支払う・伝える，話す	
志向の他動詞	b-2　取得・受信型	受け取る，もらう　・　聞く	
(c)主体変化志向の他動詞		見る，考える，調べる，読む	みちびき
(d)主体変化志向の自動詞		行く，歩く，座る，通う，働く	

　第二に，「つかいだて」と「みちびき」には，それぞれの使役文を特徴づけ
る文法的な性質がある。例えば，動作主体の明示のされ方が異なり，「つかい
だて」では(9)のように(来客を通した人は)明示されなくても問題がないこ
とが多いが，「みちびき」では(10)のように明示・特定される。

　　(9)　　来客があったので，自分の部屋に通<u>させた</u>。　　　　(p. 99 例 18)

　　(10)　卒園期の子供には，楽しいことをいっぱい<u>やらせたい</u>。

（p. 101 例 27)

「みちびき」の動作主体は「つかいだて」の場合と異なり，動作の結果を享受
する存在として，使役主体と共に文の中で重要な役割を果たすからである。
また動詞が他動詞の場合，動作対象((3)(4)の「髪」)は，「つかいだて」では
使役主体側のものであるが，「みちびき」では動作主体側のものとの指摘は
大変興味深い。また，テ形節によって主節の使役動作の「させ方」を表す場
合，テ形節の動詞に違いが見られ，(11)の「つかいだて」の場合は他者を利
用することを表す動詞(「使う」等)が現れるのに対し，(12)の「みちびき」で
は接触や付着を表す動詞(「(手を)引く」等)が出現するといった違いがある
ことが指摘されている。

　　(11)　職人を使って，器を<u>作らせる</u>。　　　　　　　　　　(p. 103)

　　(12)　子供の手を引いて，<u>歩かせる</u>。　　　　　　　　　　(p. 103)

逆に使役動詞が従属節に現れた場合の主節を見ると，(13)のように「つかい
だて」では対象の新たな状態を利用する動きが，また(14)のように「みちび
き」では動作主体に更なる変化をもたらす動きが示されるという。

　　(13)　老婆に茶を<u>運ばせて</u>，それをゆっくり飲んだ。　　(p. 105 例 34)

　　(14)　娘を鏡台の前に<u>座らせて</u>，髪を整えてやった。　　(p. 105 例 38)

また目的を表す「ために」節は，(15)の「つかいだて」では使役主体にとっ

て，また(16)の「みちびき」では動作主体にとって望ましい事態である。

　　(15)　料理を作るために，息子を魚釣りに<u>行かせた</u>。　　(p. 106 例41)

　　(16)　言葉の遅れを取り戻すためには，はだしで<u>歩かせて</u>刺激するのが
　　　　　よい。　　　　　　　　　　　　　　　　　　　　　(p. 107 例43)

　これら後続節・先行節との関係に加え，第三として，使役文と他の構文との興味深い関係が指摘されている。例えば使役動詞が(17)のようにもとの動詞(原動詞)と交替可能になるのも，また(18)のように「てもらう」文と交替可能になるのも，いずれも「つかいだて」の場合のみである。

　　(17)　名刺を店で {こしらえさせた／こしらえた}。　　(p. 112 例60)

　　(18)　床屋に眉を {剃らせた／剃ってもらった}。　　(p. 113 例64)

また，自動詞使役文と二項他動詞文(帰らせる：帰す)，あるいは他動詞使役文と三項他動詞文(着させる：着せる)との意味的・構文的な類似が見られるのは「みちびき」の使役の場合であると指摘されている。こうした点は，従来の使役研究において体系的に記述されてきたとはいい難いものである。

　従来の「強制／許可」が文脈に依存した意味的な分類であるのに対し，過去に指摘されながら埋もれていた「つかいだて／みちびき」という分類を，形式に裏付けられた文法的な分類として「復権」させようとする著者の主張には魅力もある一方で，上の3つの文法的現象もやはり「意味」と深く関わるものである。文法的な現象といっても，表2の動詞の語彙的意味の関与は「傾向」にとどまるものであり，使役文は必ずしも複文で用いられるとは限らない。更に両者には移行の関係もあり(p. 107)，その意味では「強制／許可」の2分類が持つ限界を同様に持つ。だが，そうだとしても上に指摘された諸点が「つかいだて／みちびき」という2分類を採用することによって説明できるとすれば，「強制／許可」に慣れ親しんだ我々読者も改めて目を向け，妥当性・有用性を検討する必要があるだろう。

3.2　使役文の「もとの文」の捉え方とヴォイスの定義

　第二の論点は，使役文，そして受身文の「もとの文」をどう捉えるか，ということである。受身文・使役文は，それぞれ次のように「二者同士の対立」として示されることが一般的であり，この場合，使役文はもとの文を包摂・

[書評] 早津恵美子 著『現代日本語の使役文』

含意する関係にある(p. 237)。

(19) 能動文 — 受身文
太郎が花子をなぐる。 — 花子が太郎になぐられる。
もとの文 — 使役文
太郎が花子をなぐる。 — 次郎が太郎に花子をなぐらせる。

それに対して本書は次の(20)の捉え方を主張する(p. 238)。

(20) 原動文 — 受身文 — 使役文
太郎が(自分で)弟をなぐる。
太郎が先輩に(弟を)なぐられる。
太郎が後輩に弟をなぐらせる。

使役文ともとの文・原動文との関係として，(19)は全ての使役文に認められる対応であり，かつ使役文の分析にとって(19)も必要であるとしつつも，より本質的な対応は(20)のほうであると述べる(p. 9)。そして，この三者をヴォイスの中心と認め，ヴォイスを次のように規定する。

(21) 【ヴォイス】文の主語が，動詞の表す動きの主体であるか，そうではなく，被り手や引きおこし手などであるかという，主語をめぐる文構造のあり方の体系。日本語においては，そういった構造が述語動詞の形態論的な形に支えられているという点でまずは動詞の形態論的なカテゴリーである。また，文の構文機能構造(主語・補語・述語など)と構文意味構造(主体・被り手・引きおこし手など)との一致とずれの体系であるという点で構文論的なカテゴリーでもある。そしてヴォイスの中心は，原動・受身・使役である。(p. 238)

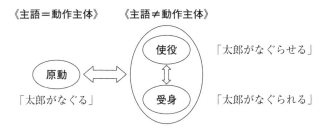

図1 「ヴォイス体系としての原動・使役・受身」

前田　直子

　こうした捉え方について本書は，使役文が持つ因果関係・引き起こし性
（causative/causation）に注目するのではなく，「人間関係における「（自分で）
する」か「（他者に）させる」かという責任関係に注目する研究であり，少な
くとも日本語においては，受身もふくめヴォイスは，人と人との間の，行為
をめぐる対人的な（対人面の）ありかたのカテゴリーであり，その点がテンス
やアスペクトなどと異なる」と述べる（p. 420）。「対人的なありかた」といっ
ても「語用論的」な意味ではむろんなく，本書が述べるのは，「主語」が「事
態（行為）」と関わるにあたり，まずは動作の主体か否か（構文機能構造と構
文意味構造が一致するか否か）の対立があり，更に主体でない場合に，「主語
が事態から何らかの影響を被る」受身文と，「主語が動作主としてではない
関わり方（つかいだて／みちびき）で事態を引き起こす」使役文との対立があ
る，ということである。これは著者も述べるように（p. 237），山田（1908）や
松下（1924）の捉え方と共通する。そして相互に対立しつつも，大きくは共に
原動文と対立する両者には，類似性もある。両者が入れ替え可能となる現象
（例：おれのいやらしい兄きどもに口出し｛させて／されて｝たまるものか。
（p. 293 例 17））を本書は「使役文と受身文の似通い」と呼び，第 9 章で詳し
く分析している。

　では，使役文「太郎が後輩に弟を殴らせる」を，「後輩が弟を殴る」とでは
なく，「太郎が弟を殴る」との関係で捉えることは，「使役文」の分析にとっ
てどんな利点があるのだろうか。

　最も重要な点は「使役文が何のために存在するか」が掴めるという点であ
る。使役文は，単に「出来事・動作」を描くのではなく，主語たる使役主体
が他者に動作を行わせることにより，使役主体が結果を享受する（つかいだ
て），または動作主体が結果を享受する（みちびき），このいずれかを表す（p.
86）。従来の「二者同士」の「2 つの対立」という捉え方は，まず初めに出来
事があり，それに参与する者（動作主とそれ以外）のいずれを主語とするかと
いう捉え方であったが，本書は，まず初めに主語者がおり，その主語者があ
る出来事とどのように関わるかが文に示されると捉え，それこそがヴォイス
であるとする。この捉え方は使役文を「もとの文」からの（いわば）「派生」
のように捉えるのではなく，主語者と出来事・動作を直接に結びつける捉え

方である(p. 11)。近年，受身文を，能動文との関連(能動文からの派生)から捉えるのではなく，受身文のまま分類・分析する研究がある(cf. 志波彩子 2015)。共に，線状性を持つ言語を運用する人間の思考・認知に沿った自然な見方であり，同時にこうしたヴォイスの捉え方は，言語(日本語)における主語の優位性を伺わせるものともなっている。

3.3　使役文と使役動詞…単語中心主義

　第三の論点として取り上げるのは，本書が「使役文」の研究であると共に「使役動詞」の研究であるという主張である。この「使役動詞の研究である」とはどういうことだろうか。

　本書は，「使役文」と「使役動詞」が言語の単位として異なるレベルにあるとし，それぞれを，ヴォイス体系における使役文，語彙体系における使役動詞として捉える(p. 419)。従来の使役研究はもっぱら前者の研究であったのに対し，本書は後者の立場，「動詞＋(さ)せる」をひとつの単語とみなす単語中心主義に立つ研究の必要性も指摘する。これは，使役文を原動文からの「派生」と見るのではなく，「行く」と「行かせる」では，それぞれの主語とこれら動作との関わりが異なるとする見方から自然に導かれる捉え方であろう。その上で本書は，単語の持つ２つの性質，すなわち命名単位・記憶単位としての既成性(文の「部品・材料」としての性質)と，文構成における要素性(文の「部分・成分」としての性質)の両観点から「使役動詞」に注目する。

　全ての使役動詞は後者の「部分・成分」としての性質，すなわち文構成における要素性を持ち，文中で文の成分(例えば述語，修飾語)として機能する。しかし既成性については全ての使役動詞が持つわけではない。使役動詞は発話の際に「動詞」と「(さ)せる」から作り出されるもので既成のものではなく，「ひとつの単語」でもないことは本書も認める。しかし一部の使役動詞には「既成性」が強く見いだせる。例えば「知らせる」・「聞かせる」「持たせる」などである。「知らせる」は「伝える・示す」という意味で使われることが多く，動作主体が「に格」に加えて「へ格」「まで格」で表される点，待遇表現「お知らせする」が可能な点など，既に他動詞化していると見るべき場合がある一方で，使役動詞として使用される場合の構文的特徴も記述す

る分析（第 11 章）には説得力がある。

　こうした「語彙的使役表現」は，従来であれば「使役ではない」として最初に除外される存在であろうが，しかしその線引きは簡単ではない。むしろ使役文と他動詞の交錯の在り方を見ることによって，使役文の性質も，文法要素の語彙化に関わる言語事実も，共によりよく見えてくるのではないか。構文論研究が安易に排除しているものを改めて見直し，拾いあげていく必要性を感じさせる。

4.　おわりに

　現代日本語における使役研究の一つの到達点である本書の内容を十分に述べることは到底できないことであるが，本書から我々読者がぜひ理解しておきたい著者の主張を 3 点に絞って述べてきた。

　本書に溢れる実例は，現代日本語において使役文がどのように使われているかを生き生きと示す一方で，解釈に文脈が必要な場合があるなど（p. 108 例 48，p. 109 例 51 など），簡単には意味を捉えにくい実例も散見される。また第 1 章で述べられる「文の文法的な構造と意味的な構造」（p. 20），単語が持つ「既成性」「要素性」という 2 特性（pp. 10–12，および最終第 15 章 pp. 423–424）の記述などは，使役文・使役動詞にとどまらない重要な言語学的概念であるが，大変に難解であり，同時に刺激的でもあった。

　オーソドックスな記述研究である本書は，一方で，上に述べた 3 点を中心に，多分に過激な主張を行っている。そうした本書の主張がこれからの使役研究，ヴォイス研究，構文研究と語彙研究の相互の在り方に対して，多大な刺激を与えていくことを期待する。

参考文献

志波彩子（2015）『現代日本語の受身構文タイプとテクストジャンル』和泉書院.

鈴木重幸（1972）『日本語文法・形態論』むぎ書房.

松下大三郎（1924）『標準日本文法』紀元社.

山田孝雄（1908）『日本文法論』寶文館.

（最終原稿受理日 2018 年 1 月 6 日）

書評論文   『日本語文法』18巻1号（2018年）

青木博史著『日本語歴史統語論序説』（ひつじ書房，2016年）

竹内　史郎（成城大学）

キーワード：句の包摂，準体句，「の」句，「こと」句，原因主語他動文，ミ語法，
複合動詞

An Introduction to Historical Syntax in Japanese
by AOKI Hirofumi

TAKEUCHI Shiro（Seijo University）

Keywords: Phrasal affix construction, *Rentaikei*-nominalization, *No*-nominalization,
Koto-nominalization, Transitive sentences including event subjects,
Mi-construction, compound verbs

1.　はじめに

　本書は，青木博史氏による二冊目の著書である。キーワードに示してある
ように，取り上げられている現象はバラエティに富む。まずは本書の目次の
一部を示す。

序章　歴史統語論の方法

第1章　名詞の機能語化

第2章　述部における節の構造変化と文法化

第3章　「句の包摂」と文法化

第4章　文法化と主観化

第5章　項における準体句の歴史変化

第6章　述部における名詞節の歴史

第7章　接続助詞「のに」の成立

第8章　条件節における準体助詞「の」

竹内　史郎

第9章　終止形と連体形の合流

第10章　「こと」の機能

第11章　原因主語他動文の歴史

第12章　ミ語法の構文的性格

第13章　複合動詞の歴史

第14章　クル型複合動詞の史的展開

終章　まとめと今後の課題

　第1章，第2章，第3章，第4章，第6章，第7章では，節末に位置する要素の，モダリティ形式，アスペクト形式，接続形式等への変化が論じられ，第5章では項位置での名詞化形式「の」の分布と変化が論じられる。これらは，節末の位置での文法項目の形成を，すなわち文法化を扱った章と言える。また，複合動詞の歴史を論じた第13章，第14章も同様である。とは言え，本書は本格的な文法化研究ではなく，むしろ伝統的な国語学の系統に連なる趣を呈している。こうしてみると第10章，第11章，第12章がそれぞれ浮いている感じは否めない。

　本書の著者は，先行研究を丁寧に整理して問題の所在をはっきりと示し，ときに見事なまでに問題を解決して，その主張をわかりやすく平易に説く。文法史研究の分野で注目を集めるゆえんであろう。本書でもそうした著者の本領が発揮されており，特に第6章，第11章，第13章は読み応えがある。しかし通読して評者がクライマックスを感じたのは，第1章から第8章にかけて展開され繰り返し述べられる，モダリティ形式の形成を扱う内容に接したときであった。ある種のモダリティ形式の形成は，句の包摂という現象なしには説明できないのだと思い知らされ，本書が，影山(1993)にならい包摂現象を導入したことは日本語の文法史研究にとって重要であるとの認識を深くした。しかしこの一方で，多くの問題があるとも感じた。

　本書の著者なくして，形態論と統語論の接点を捉えて深く文法史を掘り下げる研究者を評者は想像できないでいる。このような状況に鑑み，また今後のこの方面の研究の進展を望みつつ，以下では次のことを述べる。第2節で本書が句の包摂と認める現象について評者の見解を示し，第3節では句の包摂現象とモダリティ形式の形成に焦点を当てて検討を加える。第2節と第3

［書評］　青木博史 著『日本語歴史統語論序説』

節では，本書とは異なる包摂現象とモダリティ形式の形成の説明が必要であ
ることを提案する。そして第4節では，その他の大きいと思われる問題をい
くつか指摘し，第5節をまとめとする。

2.　包摂現象が生じるパターンとその認定

　本書第1章及び第3章によると，句の包摂には「述部における場合」と「接
続部における場合」の二種があるという。前者には(1)のような例があり，

　　(1)　a.　［夏を待ち］顔なり

　　　　b.　［御参りを妨げ］様なり

　　　　c.　［あはれを知り］げなり　　　　　　　　　　　　　　　(10 頁)

後者には(2)に示すような例があるとされている。

　　(2)　a.　［酒を飲み］さまに

　　　　b.　［声が近］さに　　　　　　　　　　　　　　　　　　　(10 頁)

本来句を包摂することのない「顔」「様」「げ」や「さま」「さ」が句接辞
(phrasal affix)となっている例を取り上げているわけである。となると，ど
うしてこのような現象が生じるのかということが知りたくなるが，このこと
に関して，本書は「このような述語句への拡張が，接続部と文末述部におい
て見られるという点は，きわめて重要である」(41頁)と述べるにとどまる。
しかしさらに突き詰めていくことが不可欠であろう。そうでなければ，(1)
(2)に示すものを一括りにして示す理由がはっきりしないからである。(2b)
については後に述べることとし，(1)と(2a)との共通性に言及することから
始めよう。

　(1)(2a)における「顔」「様」「げ」「さま」はいずれもコピュラが後接して
いると見ることができ[1]，そして「顔」「様」「げ」「さま」はいずれも様態な
いしは様子を表すということで意味的にも通じるところがある。さらに言え
ば，(1)と(2a)の「顔」「様」「げ」「さま」にはどれも動詞連用形が前接して
いる。「顔」「様」「げ」「さま」には動詞連用形のみならず，さまざまな要素
が前接していたわけであるが，動詞連用形が前接する場合に限って包摂現象

---

[1]　(2a)の「さま」に後接する「に」をコピュラと見る根拠には「［父大臣にもまさり］ざま
にこそあめれ」(源氏物語・藤裏葉)という例がある。

49

が生じているということができる。以上をふまえるなら，(1)と(2a)は，動詞連用形とコピュラに挟まれた様態ないし様子を意味する接辞が句接辞へと変じることを示していることになろうか。

　ここで，本書では取り上げられていない舘谷(1997)，舘谷(1998)を参照しよう。舘谷氏は一連の研究において，「歩きたい」「食べたい」等の願望を表す「たい」の成立に句の包摂が関わることを見出している（舘谷(1997)，舘谷(1998)は「句の包摂」と表現してはいない）。この研究によると，「たい」の起源は「甚だしい」という意味を表す形容詞イタシを後項とする「〜いたし」という複合形容詞である。そして複合の際に生じる母音連続(hiatus)を避けた結果「〜たし」という形が生じ，タシが形態素として分析されることになった。この接辞タシには，名詞，動詞連用形，形容詞語幹，語根等のさまざまな要素が前接していたわけであるが，ついに平安時代末期から鎌倉時代にかけて句接辞としてのタシが生じ，以後既存の願望を表すマホシと競合するほどに伸長していくことになる。ここで注意したいのは，接辞タシにはさまざまな要素が前接していたにもかかわらず，動詞連用形が前接するときに限り述語句への拡張を起こしていることである。つまり動詞連用形を前接するタシが接辞タシと句接辞タシを連絡したということになる[2]。

　タシの場合では，タシ自体が様態や様子を意味するわけでもコピュラを後接させるわけでもないので，タシの事例も含めて句の包摂が生じる一つのパターンを記すとすれば次のようになろう。動詞から名詞へ，あるいは動詞から形容詞へなどのように語類を変えていく接辞は，前接する要素である動詞連用形の internal syntax を失わせ，かつ派生した語類のそれに同化させていたわけであるが，前接要素たる動詞連用形がそうした同化を拒み，その internal syntax を保持することとなった。すなわち，句の包摂が生じるパターンの一つとして前接する要素が internal syntax を保持するということがあると考えられる[3]。

　以上のようなパターンが見出せる一方で，(2b)のような例を包摂現象と認

---

[2] 舘谷(1998)は動詞連用形を前接するタシの中でも特にメデタシが接辞タシと句接辞タシを連絡したのではないかとの見解を示している。

[3] internal syntax という用語については Haspelmath(1996)を参照。

[書評]　青木博史 著『日本語歴史統語論序説』

めるべきでないと本稿は考える。というのも，管見ではそう認めるための経験的な証拠がないように思われるからである。歴史的に最も遡り得る時代の資料においては，接辞サによる形容詞の名詞派生がきわめて非生産的であることを示しているのに対して，次のような例が豊富に見えている。

(3)　a.　ぬばたまの夜霧の立ちておほほしく照れる月夜の見れば 悲しさ(見者悲沙)　　　　　　　　　　　　(萬葉集・巻六・982)

　　　b.　…我が大君秋の花しが色色に見したまひ明らめたまひ酒みづき栄ゆる今日のあやに 貴さ(安夜乕貴左)(萬葉集・巻十九・4254)

(3a)の副詞節「見れば」の係り先は「悲しさ」であり，(3b)の程度副詞「あやに」の係り先は「貴さ」である。このことから，「悲しさ」「貴さ」は名詞ではなく形容詞述語と考えられる(と同時に，形容詞連体形に類似する機能を有していることに注意されたい)。上代語では，「～さ」はいわゆる連体形「～き」，連用形「～く」等と並んで形容詞の活用語尾あるいは屈折接辞の一つと見なければならない。そして，この名詞節を形成する形容詞述語「～さ」は，同じく名詞節を形成する形容詞連体形「～き」やク語法「～く」が助詞ニを後接して節末がキニ，クニとなる接続表現を形成したのと同様に，助詞ニを後接して節末がサニとなる接続表現を形成することとなった(竹内(2005))。竹内(2005)では，サニ節が付加詞位置にあるものをサニ構文と呼んだが，サニ構文におけるサニ節と(3)に示す形容詞述語文「～さ」の構文上の性格が同一視できることを確認している。また，サニ構文の他に，サニ節が項位置にある例もある。文献データはむしろ，本書が説くところとは逆の方向を，すなわち(3)に示す屈折接辞サから形容詞を名詞化する接辞サが生じたことを示していよう。

3.　もう一つの包摂現象が生じるパターンとモダリティ形式

　ここではもう一つの句の包摂が生じるパターンを示す。本書では，「接尾辞に前接する要素が語から句へと拡張する」例として，「ぽい」「らしい」「くさい」「感」(以下「ぽい」で代表させる)等の接尾辞からある種の助動詞への変化が取り上げられる(「男っぽい」から「先生が来たっぽい」へのように)。

　先述の包摂現象では，さまざまな要素が前接していたにもかかわらず，動

51

詞連用形が前接するときにその internal syntax が保持されることを見た。同様に、「ぽい」でも特定の要素が前接するときに包摂現象が引き起こされると考えるのが自然である。以上のことに加えて，文の形式において，非過去か過去かが決まるところまでを時制句と呼び，時制句は言語的な操作が行われる際に一まとまりに扱われる単位となり得ると仮定しておく。

さて，「ぽい」は「大学に行ったっぽい」あるいは「明日の試験難しいっぽい」のように時制句に後接するが，時制句であっても「*明日雨だっぽい」のようにコピュラ文には後接できない。その代わりに「明日雨っぽい」のように名詞が前接することになる。「*明日雨だっぽい」は「明日雨っぽい」と等価であることに注意しよう。これは，「ぽい」に名詞が前接するときを「入り口」として包摂現象が生じており，「ぽい」に前接する名詞位置に時制句が代入されて包摂現象が生じたことを示している。そうでなければ，時制句のうちコピュラ文だけが「ぽい」に前接できないということにはならないからである。この包摂現象を説明する際には，先に述べた，前接する要素がinternal syntax を保持するということが意味をなさず，別個の包摂現象が生じるパターンがあると見なければならない。もう一つのパターンには，前接する名詞位置に時制句が代入されるということがあるように思う。

以下こう考えることのメリットを示す。まずは，モダリティ形式ダロウの成立の説明がクリアになるということがある。本書は第6章で「だろう」を含む文の構造変化に言及している。

(4)　「ダロウ」：古典語：[名詞節(連体形)] デアロウ。

現代語：[主節(連体形)ダロウ]。　　　　　(96頁)

そして「のだろう」に対応する「のだ」がある一方で，「行くだろう」と「*行くだ」のように，「だろう」に対応する「だ」がないことを問題とし，「だ」に(4)のような構造変化が生じなかったことを考察している(97–98頁)。しかし示されるところは錯綜していて，なお考察の余地があると思われる。「だろう」はコピュラを含むので，「だろう」と「だ」は名詞に後接する場合「大雨だろう」と「大雨だ」のように対称性を示す。これに対し，非過去述語「～る／～い」，過去述語「～た」等に後接する場合では，「大雨が降るだ

［書評］　青木博史 著『日本語歴史統語論序説』

ろう」と「＊大雨が降るだ」のように非対称性を示すこととなる[4]。そして虚心に見れば「大雨だろう」と「大雨が降るだろう」は「だろう」を除いた部分が対応しているように思われる。問題なのは「大雨が降るだろう」の方であるが、どうしてコピュラを含むダロウが「の」を介在することなく「大雨が降る」に後接することになるのだろうか。ここで思い当たるのが、前接する名詞位置への時制句の代入である。例えば「大雨だろう」とある名詞位置に時制句が代入された「大雨が降るだろう」は可能であるのに対し、「大雨だ」とある名詞位置に時制句が代入された「＊大雨が降るだ」は不可である。後者の操作はリダンダントであり、「大雨が降る」と等価なので名詞位置への代入は阻止される。このように、ダロウの成立に名詞位置への時制句の代入を想定すれば、「だろう」と「だ」の非対称性が説明できるし、コピュラを含むダロウが「の」を介在させることなく時制句に後接することも説明がつく。

　本書は、(4)の構造変化を「「名詞節」（中略）と言う従属節を形成する「連体形」が、主節の述語へと再分析されることによって」(97頁)と説明しているが、それは変化前のあり方と変化後のあり方に言及しているに過ぎず、構造変化の説明にならないと思われる。また、(4)の一つ目の構造はノダロウをも生み出す構造であるのに、なぜダロウを生み出すことになるのかの納得のいく説明が本書にはない。名詞位置に時制句が代入されると見れば、名詞にダロウないしデアロウが後接した構造が(4)の二つの構造を橋渡しすることになり具合もよくなる。

　そしてメリットのもう一つは、文に外接するモダリティ形式の成立のメカニズムが明らかになることである。「〜る／〜い」や「〜た」に後接するので、上述の「だろう」「ぽい」「らしい」「くさい」「感」はいずれも文に外接するモダリティ形式と言える。これらのいずれもが、名詞と時制句との互換性に基づき、前接する名詞位置に時制句が代入されて、標準日本語のモダリティを形成すると説明するならば、モダリティの形成における一つのメカニ

---

[4] 「是ヲミレハ死ルヂヤゾ」（湯沢 1929: 186）のような例を考慮すれば、非過去ないし過去述語に後接する場合でも対称性を示すと見えるかもしれない。しかし本書で述べられるように、こうしたヂヤはコピュラでなく終助詞であろう。

竹内　史郎

ズムを捉えることにつながる[5]。

4.　その他の問題点

　本書は序章で,「歴史研究において現代語研究の成果を参照すること」を
「必須の方法論」とすると述べるが, こうした信念が本書の分析にしばしば
影を落とすことになってはいないか。例えば, 第12章のミ語法の構文解釈
である。本書のいうミ語法の「構文的性格」はそこに現れる格標示ヲが決め
手となっているが, その根拠は項の標示に関し現代語の格標示ヲがそうで
あるからという以外にない(としか読めない)。評者は, 竹内(2008), 竹内
(2017)でミ語法のヲが述語の唯一の項を標示し得ることを述べ, 本書の著
者への批判も行っているのでここで繰り返すことはしない。なお, ミ語法が
上代語の文法を反映しているということから距離をおき, その特徴づけを韻
文での使用という点に求めるという本書の見方には無理があるように思う。
本書に言及はないが, 続日本紀宣命や成実論天長点等の散文資料でもミ語法
は用いられている。もちろん使用の頻度は異なるが, これらと韻文に見える
ミ語法との間に構文的な性格の違いはあるだろうか。また, 先に問題にした
(2b)についても同じことが言える。私たちにしてみれば, 接辞サといえば形
容詞から名詞を派生するということになるが, それを出発点にしてサニ構文
の歴史を記述する理由はない。標準語の研究が明らかにしてきた事実や前提
にとらわれて, 真実から遠のく結果を招いてはならない。

　本書では, 文献データを扱っているにもかかわらず統計的な処理の結果が
一切示されない。当該の調査を行った範囲や用例数などを具体的に知りたい
と思う箇所は少なくなかった。また, 通言語的研究の一部であり, 理論的な
研究でもある文法化研究と個別言語の記述的研究である日本語の変種の文法
史の研究を同列に扱うかのような本書の言には違和感を覚えた。

5.　おわりに

　本書を紐解くと, そこには歴史統語論的研究はかくあるべきとの提言があ

---

[5]　ただし「だろう」では時制句が代入される名詞が語であり,「ぽい」「感」「らしい」「く
さい」では代入される名詞が語の構成要素であるという違いがある。

［書評］　青木博史 著『日本語歴史統語論序説』

る。この序章の提言について評者が感じたことはいろいろあったが，次のことは記しておきたい。研究を行う者には，そのつどの研究に際し，さまざまな制約や状況に応じてよりベストと思われる方法と立場を選びとる柔軟さが求められると思うが，序章の言は，本書の著者自身がそうするための感覚を封じ込める蓋のように思えてならなかった。かえって自らの可能性を小さくしてしまうことにつながりはしないだろうか。

　出版からすでに一年半がたち，多くの方々が本書を手にとったことであろう。諸賢におかれては，本書の各章が深い観察に基づいていてその価値に疑いのないことをすでにご存知かと思われる。蛇足ながら言語を問わず文法史の研究に関わるすべての人に一読をおすすめしたい。

参考文献

影山太郎（1993）『文法と語形成』ひつじ書房.

竹内史郎（2005）「サニ構文の成立・展開と助詞サニについて」『日本語の研究』1-1, pp. 2–17.

竹内史郎（2008）「古代日本語の格助詞ヲの標示域とその変化」『國語と國文学』85-4, pp. 50–62, 東京大学国語国文学会.

竹内史郎（2017）「ミ語法における節の形成と意味」蜂矢真郷（編）『論集　古代語の研究』pp. 45–66, 清文堂出版.

舘谷笑子（1997）「接尾語タシの成立過程――タシ型形容詞の考察から――」『語文』69輯, pp. 22–31, 大阪大学国語国文学会.

舘谷笑子（1998）「助動詞タシの成立過程」佐藤喜代治（編）『国語論究』7集, pp. 276–289, 明治書院.

湯沢幸吉郎（1929）『室町時代言語の研究』大岡山書店.

Haspelmath, Martin（1996）Word-class-changing inflection and morphological theory, Booji, Geert and Jaap van Marle（eds.）, *Yearbook of morphology 1995*, pp. 43–66, Kluwer Academic Publishers.

（最終原稿受理日 2018 年 1 月 9 日）

書評論文　　　　　　　　　　　　　　　　　　『日本語文法』18 巻 1 号（2018 年）

野呂健一著『現代日本語の反復構文――構文文法と類像性の観点から――』
（くろしお出版，2016 年）

天野　みどり（大妻女子大学）

キーワード：反復構文，構文文法，類像性

Repetitive Constructions in Modern Japanese:
From the Viewpoint of Construction Grammar and Iconicity
by NORO Kenichi

AMANO Midori（Otsuma Women's University）

Keywords: repetitive constructions, Construction Grammar, iconicity

1.　はじめに

　本書は，同タイトルの筆者の博士学位取得論文(2010)に加筆・修正が施された
ものであり，現代日本語の反復構文を認知言語学の観点から考察し，構
文文法の立場で①その形式的特徴・意味的特徴，構文的意味を記述すること，
さらに構文間の関係を考察すること，②「同一語句の反復」の構文的意味へ
の貢献を「類像性」の概念を用いて明らかにすることの 2 点を主要な目的と
する研究書である。

　第 1 章で本書の概要が示された後，第 2 章では本書の論考の理論的背景と
して構文文法や類像性などの重要概念が解説され，本書の立場・方法論が明
確にされる。続く第 3 章から第 6 章までは反復する要素の品詞性により A ～
D に分けられた上で各反復構文が分析され，第 7 章で全体のまとめと今後の
展望が示されている。

　この書評論文では，反復構文を構文文法の観点から分析する意義や，今後

56

[書評] 野呂健一 著『現代日本語の反復構文——構文文法と類像性の観点から——』

の文法研究全体に果たす本研究の役割を中心に論じることとしたい。

2. 反復構文の記述

本書でも述べられているように構文文法は多様な流れがあるが，ある言語形式の全体の意味がそれを構成する部分の総和からは得られない場合があることに着目し，その全体を構文という単位で捉え分析するという共通点がある。本書の考察対象である反復構文も，いずれも構成要素の総和では得られない意味を持つものとされる。本書の反復構文の規定は以下の通りである。

(1) 同一語句の反復を構成部分として含み，反復される語句を何らかの程度で入れ替えることが可能であり，部分から厳密には予測できない形式的および意味的特徴を持つ，形式と意味が慣習的に結びついた単位 (p. 15)

この規定により，語彙的な固定度が極端に高いもの(「道なき道」は「道路なき道路」に入れ替え不可)や部分からの予測可能性が高いもの(「村から村へ」)は考察の対象からはずされる。本書が考察の対象とするのは(2)の20の反復構文である。

(2) A 同一名詞の反復構文…NらしいN・NらしくないN・NらしからぬN・N以上にNらしい・Nの中のN・NNしている・NというN・NまたN・NにつぐN

　　B 同一動詞の反復構文…動詞連用形重複構文・VにV・VだけV・VばVほど・VてもVても・VにはV・VわVわ

　　C 同一形容詞の反復構文…AばAほど・形容詞テ形の反復構文

　　D 同一述語の反復構文…PといえばP・PことはP

このように言語形式として多様であるそれぞれを「同一語句の反復」という共通点で束ねて一貫した分析を施す手法は，構文研究の中でもあまり見受けられないものである。この手法は形式の違いに起因する多様さには留意しなければならないが，「同一語句の反復」が，多様な形式からなる構文に共通に果たす役割を明らかにするには適している。この点の結論に関する検証は3節で行うこととし，本節では20の反復構文の記述を概観する。

本書の20の反復構文の記述に認められる特徴として①豊富な実例に基づ

き構成要素の総和では得られない構文的意味が記述されていること，②構文
の一塊性の根拠となる形式的特徴・意味的特徴の考察が行われていることが
挙げられる。当該の形式が構文と呼ぶにふさわしいものであることの証拠と
して，この2点がすべての考察対象について行われていると言える。

　②の形式的特徴としては，(1)他の語句の挿入の可否(2)語順の入れ替えの
可否(3)構成要素を他の表現にした場合との統語的ふるまいの異なりの有無
(4)音韻的特徴の有無，意味的特徴としては，(5)構成要素の意味の喚起の有
無(6)構成要素から予測できない意味的特徴の有無(7)構成要素を類似の表
現に代えた場合の構文の意味の成否(8)話者の心的態度の意味の有無が考察
される。これらの特徴の有無は20の反復構文で違いがあり，その構文らし
さに「程度性・段階性」があることの根拠とされる(p.278)。

　以上概観した分析の例として動詞を用いた「VてもVても」を簡略に紹介
しておく。

　　　(3)　草を取っても取ってもまたすぐ生えてくる。　　　　(p.175(165))
　　　(4)　「VてもVても＋後件」：
　　　　　　構文的意味…〈事態(V)が相当時間にわたって継続または何度も
　　　　　　　反復したにも関わらず，予想される結果が一度も生じない〉
　　　　　　形式的特徴…他の語句が挿入できない(?何度洗っても何度洗っ
　　　　　　　ても汚れが落ちない)
　　　　　　意味的特徴…構成要素から予測できない意味的特徴がある(構成
　　　　　　　要素「ても」の2つの用法(条件の並列・条件関係の否定)のう
　　　　　　　ち，後者しかあらわせないという特徴，「ても」と異なりVが
　　　　　　　状態性の場合に容認度が下がるという特徴)・構成要素を類似の
　　　　　　　表現に代えた場合，当該の構文の意味にならない(文語的な「V
　　　　　　　どもVども」はある)

　こうした個々の分析の細部に関しては今後も検証が必要だろう。例えば，
(5)のような形容詞テ形反復言い切り構文について，本書は「聞き手の共感
を求める」働きがあるとする。これは構文の意味的特徴のうち，(8)心的態度
の意味の一例となると思われるが，この分析の根拠はよくわからない。

　　　(5)　「助けたい一心で無我夢中だった。女性が重くて重くて。富永さん

［書評］　野呂健一 著『現代日本語の反復構文──構文文法と類像性の観点から──』

がいなかったら自分も流されていた」と佐藤さん。（p. 226(57)）

　本書では，この根拠として，聞き手が想定されないような場面では形容詞テ形反復言い切り構文が使いにくいことを挙げている。

　　(6)　（真冬に家の中から一歩外に出たときに，思わずつぶやいて）

　　　　寒い寒い。／*寒くて寒くて。　　　　　　　　　（p. 227(59)）

　この指摘は大変興味深く，形容詞テ形反復言い切り構文が聞き手を必要とし，従って何らかの対人的意味を持つことが考えられる。しかし，その対人的意味が聞き手に「共感」を求める意味だと限定される根拠は示されていない。大堀(2000)が「から」で言い切る中断節（従属節が主節なしで生起するもの）を例に「その節の出来事が話し手にとって重要な関わりをもつことを示して」「聞き手の共感をうながすはたらきをもっている」(p. 309)とすることを注記し，本書の当該構文も中断節のスキーマの事例だとしているが，大堀(2000)においてもこの対人的意味が「共感をうながす」意味と限定して記述できる根拠は示されていない。そもそも「共感」とは何だろうか。

　本書及び大堀(2000)の「共感」の概念が通常より広いことは理解される。次の(7)は評者の作例だが，一般的な意味として「共感」を求めるものとは考えにくい。一方的に自身の感情を報告することによって聞き手の気分を害する，聞き手に自身の感情に気づかせるといった対人的意味が考えられるが，このような例も含めて「共感」を求めるものとするなら，「共感」とは何かをより詳しく論じていく必要があると思うし，そのことにより心的態度の意味の考察や，中断節全般の考察にも寄与すると思う。

　　(7)　（聞き手に対して一方的に嫌悪感を抱いている発話者が聞き手に
　　　　向かって）

　　　　今日はあなたが会いに来ると言うから朝から<u>不快で不快で</u>。

3.　同一語句の反復と類像性

　2節でみたような分析の結果，本書でとりあげる20の反復構文は，品詞性の分類とは独立に類像性の観点から大きく2分類される(p. 277)。

　　(8)　類像性からみた反復構文の2分類

　　　　①量の類像性が反映した表現であり，同一語句の繰り返しが概念

59

的増加をあらわすもの

②同一語句の繰り返しによって，カテゴリー内の成員の異なりを喚起するもの

本書の類像性（iconicity）とは「記号と対象が何らかの類似関係を持つこと」（p. 20）である。上記のように2類に分けられるものの，本書の考察対象とする反復構文は，いずれもその「同一語句の反復」のもたらす貢献を類像性の概念で説明できるとしているのであり，これが本書における最も重要な指摘だと評者は考える。

類像性による反復構文の分類①と②を，「VてもVても」，「PことはP」でみておこう。まず分類①についてである。

(9)　{どんなに乗せても／乗せても乗せても}，びくともしなかった。

(p. 179(177))

「どんなに乗せても」は一度にたくさん乗せる場合も，何度も繰り返し乗せる場合も可能だが，「乗せても乗せても」は後者の方が適しているとする。すなわち，「VてもVても」には「当該事態が継続・反復している点に焦点が当てられ」(p. 180)，量の類像性が反映しているとされるわけである。その根拠として「VてもVても」は後件に関する制約があることを挙げる。

(10)　受験資格がないと，{どんなに勉強しても／？勉強しても勉強しても} 試験すら受けることができません。　　　　(p. 181(186))

この場合に「VてもVても」の容認度が下がるのは「VてもVても」が示す1つ1つの事態に，後件の事態が対応していないためとされる。

他方，次の「PことはP」は類像性による反復構文の分類②の例である。

(11)　動物も人間同様に眠ることは眠る。　　　　(p. 254(54b))

これは「周辺的な事例であることを認めたうえで，Pという事態であることに変わりはないことに焦点を当てるもの」(p. 255)とされ，「同一語句であるPを繰り返すことによって」「カテゴリー（この場合〈眠る〉：評者）の成員の段階性およびカテゴリー内の包含関係が想起される」(p. 265)ものと記述される。つまり同一語句の繰り返しはカテゴリー内の複数性の反映であり，類像性が現れた表現だとするのである(p. 265)。

このような2類の類像性の関与については，今後詳細に検討する必要があ

［書評］　野呂健一 著『現代日本語の反復構文──構文文法と類像性の観点から──』

るだろう。もとより，ここで挙げられている 2 類は本書でとりあげた 20 の
反復構文の分析の結果であり，あらゆる反復構文を二分するものとなるかど
うかは今後の研究に委ねられている。

　評者は特に類像性による分類②についての詳細な議論が必要であるように
思う。本書の 20 の構文のうち分類②に属するものは以下の通りである（（12）
中の①②は当該形式の用法の下位類をあらわす）。

　　（12）　N らしい N ①・N らしくない N・N らしからぬ N・N の中の N・
　　　　　 NN している②・V だけ V ②・V には V・P といえば P・P ことは P

これらの同一語句の反復が類像的にカテゴリーの成員の複数性をあらわす
という分析は妥当だろうか。連体修飾構造や「だけ」「は」といった，構造や
構成要素の意味に起因するという可能性を排除する議論はもちろんのこと，
他の考え方の可能性を排除する議論も必要に思う。例えば「同一語句の反復」
が構文の意味に果たす役割を考えるに際し，「反復」の観点ではなく，「同
一」の観点からみることもできるのではないだろうか。評者は，あえて「同
一」の語句を反復することにより，カテゴリーの同一性を明示しているとい
う考えを提起したい。これもまた，類像性の概念で説明できるものと思われ
るが，このように，本書の分析を出発点としてさらに多くの可能な説明を検
討し，言語事実を根拠としたより妥当な原理を追究することが期待される。

　また，本書の提案した類像性の 2 類が，先行研究とどのように関わるかを
論じる課題も重要であろう。分類①の類像性は，先行研究として本書が挙げ
る Ungerer and Schmid（1996）の 3 類（時系列の類像性，近接性の類像性，量
の類像性）のうち，量の類像性に相当することは明白である。しかし，分類②
の類像性はどのように位置付けられるのだろうか。量の類像性のさらに下位
であろうか。言語普遍的な類像性の研究への発信が重視されるとよいと思う。

4.　構文らしさの程度性・段階性

　2 節でみたように，本書ではそれぞれの反復構文に関して，構文らしさを
示す形式的特徴・意味的特徴の有無を考察する。これらの特徴の有無は 20 の
反復構文で違いがあり，反復構文の構文らしさに「程度性・段階性」がある
ことの根拠とされるのであった（p. 278）。この記述は反復構文を経時的変化

とは無関係に並列的にみた場合の，構文らしさの強弱の提示ということになる。この考察の先にある課題として，反復構文を継承的にみて，構文が成立していく過程を明らかにすることが考えられる。本書においてもその過程の究明につながる言及がある。

　例えば，2節でもみた形容詞テ形反復言い切り構文(13)は原因をあらわすテ形の後に結果をあらわす主節が現れていないが，原因だけで結果まであらわす表現であるとされる(p.225)。

　(13)　小学3年のとき，彼からデッドボールを喰らったんですが，球が
　　　　速いから痛くて痛くて。骨が折れたんじゃないかと思いましたよ。
　　　　　　　　　　　　　　　　　　　　　　　　　　　(p.225(49))

これは，次の(14)のような反復の無いテ形言い切り構文の特徴を継承するものとされている。

　(14)　A：「昨日は仕事を休んだんです」
　　　　B：「どうして？」
　　　　A：「子どもの熱が下がらなくて…」　　　　　(p.223(44))

(14)が原因だけで結果もあらわすのは，メトニミー(この場合時間軸上の隣接関係)による拡張であるとされ，次の(15)のような通常のテ形の文が派生元として関連づけられている。

　(15)　子どもの熱が下がらなくて休んだ。

　メトニミーの概念を用いた説明は構文成立の際に働く認知的メカニズムの観点からのものだが，以上の説明には，構文成立を既成の特定の構文からの拡張として捉え，構文間の拡張関係のネットワークを明らかにしようとする視点が含まれている。

　さらにこの視点を中心とすることにより，元となる構文から新たに成立した構文までの過程を，言語事実に依拠して詳細に記述することが可能であろう。また，構文間の特徴の受け継ぎの実態から，一般的な構文成立の過程について提言することもあると思われる。例えば，上述の形容詞テ形反復言い切り構文は，反復の無いテ形言い切り構文だけではなく，形容詞テ形反復構文からの拡張でもあるとされている(p.225)。そして，その派生元である形容詞テ形反復構文の実例の観察結果として，主節述語に「たまらない」「し

［書評］　野呂健一　著『現代日本語の反復構文——構文文法と類像性の観点から——』

かたがない」のような表現が多いことが指摘されている（p. 219）。他の言い切り構文の研究（藤井（2008）・天野（2017）など）においても派生元となる構文の主節述語に既に語彙的・意味的な固定化が生じていることが論じられており，本書のこの指摘も，言い切り構文全般の成立を解明するために寄与するところがある。

　また，反復構文のいくつかに構文的意味として心的態度の意味が認められることを記述している点も興味深い。心的態度の定義や，心的態度として記述される意味の細部については，2 節でも述べたように検証する必要があるが，特に対人的意味の固定化は文法化の大きな流れの中でも傾向性として認められるものであり，構文が成立していく過程を究明するために重要なテーマだと考える。

5.　おわりに

　本書の分析や主張は今後多様な観点の研究により検証され，深められていくものと思われる。また，本書第 7 章では，今回考察されなかったタイプの反復構文 9 例が挙げられており，本書のテーマによる考察が他の反復構文に拡げられて一層精緻化されることが予想される。構文文法，類像性といった認知言語学の重要な理論・概念に対し，現代日本語の反復構文という一群の現象を通して，建設的な提言が行われることを期待する。

参考文献

天野みどり（2017）「受益構文の意味拡張——《恩恵》から《行為要求》へ——」天野みどり・早瀬尚子編『構文の意味と拡がり』pp. 99–118，くろしお出版.

大堀壽夫（2000）「言語的知識としての構文——構文の類型論に向けて——」坂原茂編『認知言語学の発展』pp. 281–346，ひつじ書房.

藤井聖子（2008）「「〜ないと」「〜なきゃ」「〜なくちゃ」の文法——話しことばの談話データを用いた文法研究——」長谷川寿一・C. ラマール・伊藤たかね編『こころと言葉　進化と認知科学のアプローチ』pp. 129–149，東京大学出版会.

Ungerer, F. and H. J. Schmid（1996）*An introduction to the cognitive linguistics.* Longman.（F. ウンゲラー, H. J. シュミット『認知言語学入門』池上嘉彦他（訳），大修館書店，1998）

天野　みどり

付記

　本稿作成に際し，3名の査読委員の方からいただいたご助言が大変有益だった。委員の皆様の懇切な審査に心より御礼申し上げる。

（最終原稿受理日 2017 年 12 月 18 日）

日本語文法学会第18回大会発表要旨

【大会プログラム】

・日時：2017年12月2日（土）・3日（日）

・場所：筑波大学筑波キャンパス

　　　　（〒305-8577　茨城県つくば市天王台1-1-1）

・プログラム

12月2日（土）[H号館（1H棟）・C号館（1C棟）]

13:00 ～ 13:15　挨拶・事務連絡（1H201）

13:15 ～ 17:20　シンポジウム「日本語文法研究と教育との接点」（1H201）

　　　　　　　　[司会：天野 みどり（大妻女子大学）]

　　　　　　　　[指定討論者：砂川 有里子（筑波大学名誉教授）]

　　　　　　　　講師1：新しい学説はどのように古典文法教育に貢献するのか

　　　　　　　　　　　　――〜ム・〜ムズの違和感をテンス・アスペクト・モダリティ

　　　　　　　　　　　　体系の変遷から説明する――　　　　福嶋 健伸（実践女子大学）

　　　　　　　　講師2：新しい学説はどのように外国語教育に貢献するのか

　　　　　　　　　　　　――モダリティ・心的態度・間接発話行為の日英の違いを言語

　　　　　　　　　　　　使用の三層モデルから説明する――　　　和田 尚明（筑波大学）

　　　　　　　　講師3：日本語教育はどのように新しい日本語文法研究を創出するか

　　　　　　　　　　　　――「聞く」「話す」「読む」「書く」ための文法の開拓――

　　　　　　　　　　　　　　　　　　　　　　　　　　野田 尚史（国立国語研究所）

17:25 ～ 17:50　会員総会（1H201）

18:00 ～ 19:30　懇親会（2B107（第2エリア食堂））

12月3日（日）[C号館（1C棟）]

10:00 ～ 12:00　パネルセッション

[A会場（1C210）]

　　　テーマ：重複表現の形態・統語的分析と語用論的機能

　　　司会：大澤 舞（東邦大学）

　　　発表：「跳べることができる」型表現と文内スタイルシフト　　　大澤 舞（東邦大学）

　　　　　　「しろください」の語用論

　　　　　　　　　　　　納谷 亮平（筑波大学大学院生／日本学術振興会特別研究員）

　　　　　　2種類の重複表現に関する形態論的考察　　　　　　長野 明子（東北大学）

第 18 回大会発表要旨

焦点卓越言語としての日本語における Phi 素性一致現象とその特異性

三上 傑（東北大学）

[B 会場（1C310）]

テーマ：名詞句の飽和性と倒置可能性から見たコピュラ文分類の再検討

司会：竹沢 幸一（筑波大学）

指定討論者：橋本 修（筑波大学）

発表：名詞句の「飽和性」とコピュラ文　　　　　　三好 伸芳（筑波大学大学院生）

指定文における値名詞句の性質と倒置可能性

井戸 美里（国立国語研究所非常勤研究員）

コピュラ文分類におけるいわゆる同定文・同一性文の位置づけ

──倒置可能性の再検討──

鈴木 彩香（国立国語研究所非常勤研究員）・大塚 貴史（筑波大学大学院生）

[C 会場（1C403）]

テーマ：日本語教育文法研究のすすめ

──文法研究の活性化とキャリアパスを見据えて──

司会：庵 功雄（一橋大学）

発表：学習者の日本語運用から文法研究のヒントを拾い出す

──〈宣言・アナウンス〉の意志表現を例に──　　高梨 信乃（関西大学）

日本語教科書と母語話者による使用実態のギャップに説明を与える文法研究

──「～だと思う」と「～φと思う」を事例として─」──

阿部 二郎（北海道教育大学）

教育文法のすきまを探り文法研究の論点を掘り起こす

──形容詞連用修飾の"程度的"用法をめぐって──　　井本 亮（福島大学）

[D 会場（1C406）]

テーマ：統語・意味解析情報をタグ付けした日本語コーパスの開発

──アノテーションの方法と文法研究への応用──

司会：プラシャント・パルデシ（国立国語研究所）

発表：イントロダクション　　　　　　　　　　　　吉本 啓（東北大学）

アノテーション方式とインタフェース

スティーブン・ライト・ホーン（国立国語研究所非常勤研究員）

ケース・スタディ　　　　　　　　　　　長崎 郁（国立国語研究所非常勤研究員）

第18回大会発表要旨

12:00 〜 13:15　　昼食
13:15 〜 17:00　　研究発表

[A 会場（1C210）]

　　　　　　　[司会：志波 彩子（名古屋大学）]
13:15 〜 13:55　【招待】「相互行為言語学」への招待
　　　　　　　　　——What is 'Interactional Linguistics'?——　　　林 誠（名古屋大学）
14:00 〜 14:40　対人場面の会話におけるフィラーが関わる連続使用
　　　　　　　　　　　　　　　　　　　　　　　　　　落合 哉人（筑波大学大学院生）
14:45 〜 15:25　語りの monologue における終助詞の出現傾向
　　　　　　　　　——被爆者証言における「ね」の頻出に着目して——
　　　　　　　　　　　　　　　　　　　　　　　　　　白川 稜（筑波大学大学院生）

15:25 〜 15:35　　休憩

　　　　　　　[司会：前田 直子（学習院大学）]
15:35 〜 16:15　「わりに」「割合に」における接続助詞用法と副詞用法の関連について
　　　　　　　　　　　　　　　　　　　　　　　　　　川島 拓馬（筑波大学大学院生）
16:20 〜 17:00　否定を含む程度構文の意味解釈について　　呂 妍（早稲田大学大学院生）

[B 会場（1C310）]

　　　　　　　[司会：青木 博史（九州大学）]
13:15 〜 13:55　「ホドニ」の原因・理由を表す意味の獲得について
　　　　　　　　　　　　　　　　　　　　　　　　　百瀬 みのり（大阪大学大学院生）
14:00 〜 14:40　中世日本語動詞活用体系における一段活用について
　　　　　　　　　——「二段活用の一段化」の分析を通して——
　　　　　　　　　　　　　　　　　　　　　　　　岡村 弘樹（京都大学非常勤講師）
14:45 〜 15:25　【招待】近代文法用語の成立と学校国文法
　　　　　　　　　——「順接・逆接」をめぐって——　　　山東 功（大阪府立大学）

15:25 〜 15:35　　休憩

　　　　　　　[司会：仁科 明（早稲田大学）]
15:35 〜 16:15　条件表現形式ギーの成立背景についての考察　　岩田 美穂（就実大学）
16:20 〜 17:00　【招待】関西方言の否定形式ナイ・アラヘン・チガウの諸用法
　　　　　　　　　　　　　　　　　　　　　　　　　　松丸 真大（滋賀大学）

第 18 回大会発表要旨

[C 会場（1C403）]

　　　　　　　　　　[司会：三宅 知宏（大阪大学）]

13:15 ～ 13:55　　動作をあらわす「形容詞ク形＋する」と語彙性・生産性

　　　　　　　　　　　　　　　　　　　　　　新山 聖也（筑波大学大学院生）

14:00 ～ 14:40　　主語の特徴から見た自動詞使役文の成立条件

　　　　　　　　　　──他動詞文との比較を通して──　　竹本 理美（筑波大学大学院生）

14:45 ～ 15:25　　可能動詞と自・他動詞の獲得過程から見る接辞 e の役割について

　　　　　　　　　　　　　　　　江村 健介（岩手県立大学）・高橋 英也（岩手県立大学）

15:25 ～ 15:35　　休憩

　　　　　　　　　　[司会：今野 弘章（奈良女子大学）]

15:35 ～ 16:15　　「後置された」連体修飾成分の統語特性に基づく後置文の分類

　　　　　　　　　　　　　　　　　　　　　　　　　　木村 宣美（弘前大学）

16:20 ～ 17:00　　非対格・非能格自動詞構文の数量詞遊離現象における容認度

　　　　　　　　　　──実験的研究──

　　　　　　　　　　鈴木 一徳（東京工業大学大学院生／日本学術振興会特別研究員）・

　　　　　　　　　　姜 銀実（東京工業大学大学院生）・平川 八尋（東京工業大学）

[D 会場（1C406]

　　　　　　　　　　[司会：岡﨑 友子（東洋大学）]

13:15 ～ 13:55　　（発表なし）

14:00 ～ 14:40　　終助詞ガ，ダの分析──文タイプも発話の力も変えない終助詞──

　　　　　　　　　　　　　　　　　　　　　　　　　　大江 元貴（金沢大学）

14:45 ～ 15:25　　モの周辺的用法の再分類──文の階層構造ととりたての観点から──

　　　　　　　　　　　　　　　　　　　　　　　　　　榎原 実香（大阪大学大学院生）

15:25 ～ 15:35　　休憩

　　　　　　　　　　[司会：舩木 礼子（神戸女子大学）]

15:35 ～ 16:15　　「スル」形による命令表現に関する一考察　　　　葉 懿萱（東呉大学）

16:20 ～ 17:00　　曖昧性をもつ＜話し手行為＋ますか＞申し出文とその解釈に関する考察

　　　　　　　　　　──話し手の事態認知に着目して──　　酒井 晴香（筑波大学大学院生）

第 18 回大会発表要旨

【発表要旨】シンポジウム

「日本語文法研究と教育との接点」：趣旨説明

天野　みどり（大妻女子大学）

　本シンポジウムは，「日本語文法研究」と「教育」との接点および相互作用について考察することを目的とした。「教育」と言っても多様であるが，今回は，第1に日本語文法研究と学校「国語」教育との接点，第2に日本語文法研究と外国語教育との接点，第3に日本語文法研究と日本語教育との接点についてとりあげ，相互にどのような貢献が可能かについて参加者の理解を深めることとした（以下の発表要旨参照）。それぞれの発題においては，日本語文法研究・他言語との対照文法研究などの事例を含め，具象的に考察した。第1・第2の発題は日本語文法研究から教育への貢献を提案し，第3の発題は教育から日本語研究への貢献を提案した。この3つの発題の後，指定討論者をまじえて，フロアからの質問・コメントを中心に全体討論を行った。本シンポジウムでの議論を端緒とし，文法研究を多様な社会的要請と関連づける試みが模索できればと考える。

新しい学説はどのように古典文法教育に貢献するのか
──〜ム・〜ムズの違和感をテンス・アスペクト・モダリティ体系の変遷から説明する──

福嶋　健伸（実践女子大学）

　〜ム・〜ムズの現代語訳を見ても何か違和感があり，我々が実感できないような，当時の理屈（古典語独自の論理）があるように思われる。例えば，高等学校の教科書に載っている『平家物語』の「（福嶋注：義仲を討ち取った等と）申さむことこそ口惜しう候へ（『国語総合　古典編』，筑摩書房）」の「申さむ」の〜ム一つをとってみても，どういう理屈で〜ムが接続しているのか，この〜ムを現代語訳しにくいのはなぜか，説明することは容易ではない。

　このような「古典語独自の論理」の一端として，「古代日本語は，現代日本語とは異なり，ムード優位言語だった」という言語類型論的な異なりが指摘できる。古代日本語は＜非現実（irrealis）＞を表す際に有標形式（〜ム等）をほぼ義務的に用いるタイプの言語だったというわけである。先の例でいえば，「申す」という事態は，まだ起こっていない＜非現実＞のことであるので，〜ムが接続しているというわけである。「＜非現実＞を義務的

69

に表示する」という当時の感覚を，現代語訳では捉えられないため，〜ム等に違和感が
あるのだろう。

　では，どのような過程を経て，現代日本語のような言語になったのだろうか。中世末
期日本語から現代日本語への変化において，状態化形式としての〜テイルが成立する。
また，無標形式である動詞基本形の分布がシフトして，＜未来＞(＜非現実＞の領域)を表
せるようになる。そして，＜非現実＞の領域に広く分布していた〜ウ・〜ウズ(ル)は減
少する。このような「〜テイルの発達」「動詞基本形の分布のシフト」「〜ウ・〜ウズ(ル)
の減少」というテンス・アスペクト・モダリティ体系の変化が起こり，「ムード優位」と
いう特徴が崩れていったのだと考えられる。

新しい学説はどのように外国語教育に貢献するのか
——モダリティ・心的態度・間接発話行為の日英の違いを
言語使用の三層モデルから説明する——

和田　尚明(筑波大学)

　本発表では，日英語の法助動詞を含む文が示す間接発話行為の生じやすさの違いが，
両言語の文法体系の違いからの帰結として生じることを示し，教員がそういった観点を
もって教えることで外国語(英語)教育に貢献できる可能性を示した。まず，You must
have some of this cake. に用いられる，「強い勧め」を表す must の「特殊」用法を提示
した後，そういった間接発話行為は字義通りの対応版の日本語文「このケーキを食べな
ければならない」には生じないこと，また，この種の相違は英語の他の法助動詞とその
日本語対応表現の関係にも当てはまることを確認した。この事実を体系的に説明するた
めに，廣瀬提唱の「言語使用の三層モデル」を筆者が依拠する「モダリティ・心的態度」
に関する理論に導入した。言語使用の三層モデルでは，デフォルトの場合，英語では状
況把握は状況報告と一体化して行われ，そこに対人関係に関する情報が加わるのに対し
て，日本語では状況把握は独立して行われるが，状況報告の際に対人関係情報は言語表
現化されなければならない。上述の「モダリティ・心的態度」に関する理論では，文発
話は命題内容と話者の心的態度から成り立ち，後者は対人心的態度と対事心的態度に分
かれるが，上述の両言語のデフォルト的特徴から，日本語の基本的文発話では命題内容
を対事心的態度で判断するだけのレベル(状況把握レベル)に留まりうるが，英語の基本
的文発話では聞き手に対する状況の伝達・報告レベルまで含むことになる。したがって，
法助動詞を含む文発話を解釈する際，英語では対人心的態度の判断が言語形式に反映し

第 18 回大会発表要旨

ていない可能性が生じ，対人関係に関する情報や文脈から話者の発話意図が別途汲み取りやすくなるが，日本語では聞き手に向けて伝達・報告する際にそれ用の仕様にする必要があり，その際対人心的態度は言語化されなければならず，間接発話行為は生じにくくなる。

日本語教育はどのように新しい日本語文法研究を創出するか
——「聞く」「話す」「読む」「書く」ための文法の開拓——

野田　尚史（国立国語研究所）

　これまでは「日本語文法研究を日本語教育に応用する」という方向の研究が主流だったが，その逆，つまり「日本語教育に必要なことから出発して日本語文法の新しい研究を開拓する」という方向の研究も重要である。

　「聞く」「話す」「読む」「書く」という言語活動を日本語学習者が行うのに必要な文法を考えることから出発すれば，次のような新しい日本語文法研究を創出できる。

(1) 学習者が日本語を「聞く」ために必要な文法として，たとえば，「全部いっしょじゃねえのかと思った」が肯定を表しているか否定を表しているかを適切に理解するための文法が考えられる。

(2) 学習者が日本語を「話す」ために必要な文法として，たとえば，「ミシシッピー川，そっから船，あ，ミシシッピーじゃない，セントクロイっていう川に……」のように自分の発話を適切に訂正するための文法が考えられる。

(3) 学習者が日本語を「読む」ために必要な文法として，たとえば，「東京農工大学など連携している大学の研究者や企業の技術者が……」のように「など」が含まれる文の構造を適切に理解するための文法が考えられる。

(4) 学習者が日本語を「書く」ために必要な文法として，たとえば，「～とき，～たいが，～場合，～ても，～のほうがよい。」のような長い文を短い文に適切に分割するための文法が考えられる。

　このように，日本語教育に必要なことをもとに研究テーマを検討すれば，先行研究や言語事実をもとに検討した研究テーマとは違う新しい研究テーマが見つかるはずである。そのような研究は，日本語文法研究にとっても日本語教育にとっても有益である。

第18回大会発表要旨

【発表要旨】パネルセッション

重複表現の形態・統語的分析と語用論的機能

　本パネルセッションは，記述的研究者と理論的研究者が共同で日本語の重複表現を分析することを通じて，記述と理論の融合の可能性を探ることを目的とした。以下の4つの発表による3部構成とし，発表全体で現象の記述，形態・統語的分析，語用論的説明を行った。

「跳べることができる」型表現と文内スタイルシフト

大澤　舞（東邦大学）

　本発表では，「跳べることができる」のように，動詞の可能形と迂言形（コトガデキル）という2つの可能を表す形式が一文内に現れている表現を「重複可能形表現」と呼び，当該表現の構文としての一般性と特殊性を記述した。構文の一般性として，重複可能形表現が動詞に関して示す生産性が通常の動詞の可能形と迂言形にそれぞれみられる事実と同じであること，そして，重複可能形表現における時制と否定の活用が通常の迂言形にみられる事実と同じであることを示した。特殊性として，2つの可能形式が一文内に現れているにもかかわらず，両可能形式の間に意味的な分業はなく，文全体で単一の可能の意味を表していることを示した。また，重複可能形表現は，あらたまり度がない状態から，あらたまり度が高い状態へと，一文内で話者のあらたまり度を調整するという語用論的機能を有し，あらたまり度に応じて一文内で表現スタイルを変換する構文であることを指摘した。

「しろください」の語用論

納谷　亮平（筑波大学大学院生／日本学術振興会特別研究員）

　本発表では，重複表現の例としてSNS上の新奇表現である重複命令形表現を取り上げ，同表現が読み手への配慮を表しつつ書き手の率直な願望や依頼を表すストラテジーとして用いられていることを示した。例えば「はやく花粉死滅しろください」の場合，命令文部分で花粉に対する「消えて欲しい」という書き手の率直な願望を表しつつ，これにクダサイを後続させて不特定多数の読み手への配慮を表している。また，「大学生が春に履く靴のおすすめ教えろ下さい」においても「教えて欲しい」という書き手の願望が伝達されるが，その結果として依頼が表されている。この場合，「教えろ」と直接表現することを避けて丁寧さを示しつつも，「教えて下さい」という規範的表現では表せない

第 18 回大会発表要旨

読み手への親しさも同時に表すことができる。重複命令形表現が SNS で好んで用いられるのは，このような両面性が SNS 上のコミュニケーションにおいて有用であるからだと考えられる。

2 種類の重複表現に関する形態論的考察

長野　明子（東北大学）

　本発表では，形態論の観点から「トリプルアクセルを跳べることができた」のような重複可能形表現と，「大学生が春に履く靴のおすすめ教えろ下さい」のような重複命令形表現について考察した。第 1 に，これらは形式と機能についての分離仮説（Beard 1995）を支持する現象であることを述べた。第 2 に，機能の多重現に関する代表的研究書である Harris（2017）の類型に照らした場合，重複可能形表現は［語基（飛ぶ）＋具現形 1（える）＋ Carrier（こと）＋具現形 2（できる）］という Type1 の例であること，一方，重複命令形表現は［語基（教える）＋具現形 1（ろ）＋具現形 2（下さい）］という Type4 例であることを示した。Harris の Type2 と Type3 の例も日英語から示した。形式名詞＋助動詞という日本語に多数存在する形式では，「意識させるようにさせましょう」のように重複可能形以外でも Type 1 の例が見つかることも指摘した。

焦点卓越言語としての日本語における Phi 素性一致現象とその特異性

三上　傑（東北大学）

　本発表では，生成文法理論においてしばしば論じられてきた日本語の Phi 素性一致に関して，Miyagawa（2010, 2017）が提唱する Strong Uniformity と素性継承システムのパラメータ化の観点から再検討を試みた。具体的には，焦点卓越言語に分類される日本語では CP 領域において Phi 素性一致が起こるという理論的予測に基づき，重複可能形表現と重複命令形表現が当該言語タイプにおける Phi 素性一致現象として分析される可能性を立証した。日本語の Phi 素性一致現象には「聞き手」といった発話参与者が深く関わりポライトネスに関係する談話的機能を有するなど，英語では観察されることのない特異性の存在が明らかになった。フェイズ理論の枠組みの下，焦点卓越言語では Phi 素性がフェイズ主要部である C に留まり続けるため，転送操作の適用を受けることなく，Speech Act 主要部との連動が可能になることで，Phi 素性一致に談話的要因が関与することになると主張した。

73

第18回大会発表要旨

名詞句の飽和性と倒置可能性から見たコピュラ文分類の再検討

　本パネルセッションは，「…は／が〜だ」で構成されるコピュラ文において，先行研究の分類・概念と現象との間にはずれがあることを指摘し，より体系的な分類・概念の提案を試みる研究を集めたものである。

名詞句の「飽和性」とコピュラ文

三好　伸芳（筑波大学大学院生）

　近年，名詞句の「飽和性」という概念は，いわゆる指定文やカキ料理構文といったコピュラ文と密接な関わりがあるとして，いくつかの異なる理論的立場から分析が展開されている。意味論的な分析においては，「飽和性」が被修飾名詞句の語彙的性質によって決定されると見なされる一方，統語論的分析においては，特定の構文環境における統語構造として規定されており，それぞれの主張には部分的な対立が見られる。

　本発表では，「飽和性」に関わる現象を観察したうえで，「飽和性」を以下のような形で規定した。

i. 構文環境とは独立に，名詞句間において飽和化の操作が成立する。

ii. 修飾名詞句と被修飾名詞句双方の意味的性質によって「飽和性」が決定される。

「飽和性」をこのように捉えることにより，指定文やカキ料理構文以外の構造における「飽和性」の振る舞いを分析的に取り出すことが可能になる。

指定文における値名詞句の性質と倒置可能性

井戸　美里（国立国語研究所非常勤研究員）

　「AのBは，Cだ」で構成される指定文（「このパーティの幹事は，太郎だ」など）は，「CがAのBだ」の形に倒置可能であることが先行研究で指摘されてきた。そして，これは主語の属性を述べる措定文には見られない特徴であるとされてきた。しかし，本発表では，指定文の特徴を持ちつつ倒置不可能である「AのBはCだ」の存在を指摘し，その特徴を記述した。特に，指定文としての特徴を持ちつつ倒置不可能なコピュラ文は，「太郎の血液型はB型だ」「この部屋の温度は26.5℃だ」などの形をしており，Bの名詞句がいわゆる側面語を表していること，Bを省略して「AはCだ」などの形で，Aについての措定文を形成可能であることを指摘した。先行研究においては，「値を表すこと」と「属性を表すこと」は排反の関係にあった。しかし，本発表の観察によれば，両者はそれぞれ独立した素性であることが明らかになった。

74

第18回大会発表要旨

コピュラ文分類におけるいわゆる同定文・同一性文の位置づけ
——倒置可能性の再検討——
鈴木　彩香(国立国語研究所非常勤研究員)・大塚　貴史(筑波大学大学院生)

　コピュラ文の分析においては，措定文と指定文が意味的・統語的に異なるものである
ことが知られており，これまで，名詞句の指示性とコピュラ文の倒置可能性が対応する
形での議論が展開されてきた。しかし本発表では，いずれの分類にも当てはまらないと
され周辺的に扱われることの多かった同定文・同一性文に焦点をあて，その倒置可能性
を情報構造の観点から分析することによって，コピュラ文の倒置可能性と指示性が一対
一の対応関係にはないことを論じた。その上で，同定文と措定文，同一性文と指定文が
共有する意味素性，また同定文と同一性文，措定文と指定文が共有する意味素性を具体
的な現象から明らかにし，コピュラ文の体系が素性による交差分類として捉えられるこ
とを主張した。

日本語教育文法研究のすすめ
——文法研究の活性化とキャリアパスを見据えて——

　本パネルセッションでは，文法研究を専門とする大学院生や若手研究者のキャリアパ
スを見据えた研究として日本語教育文法研究を取り上げ，その立場からの文法研究の
ケーススタディを3本紹介した。

学習者の日本語運用から文法研究のヒントを拾い出す
——〈宣言・アナウンス〉の意志表現を例に——
高梨　信乃(関西大学)

　談話や文章の管理・進行役に当たる人物が，聞き手／読み手にこれから行う行為を伝
えるために用いる意志表現を〈宣言・アナウンス〉の意志表現と呼ぶ。本発表では，学習
者の「しよう」の使用例がなぜ不自然になるのかという疑問をきっかけに，書き言葉を
対象に考察した。具体的には，論説文のうち研究書，教養書，実用書という異なるジャ
ンルの文章に現れた〈宣言・アナウンス〉の意志表現を比較した。その結果，ジャンルに
よって，よく使用される形式に違いがあること，とくに，単独型(書き手のみが行う行為
のアナウンス)の「しよう」がよく用いられるのは，教養書・実用書に代表される「知識
の格差を背景に，書き手が強い教育的姿勢と読み手への働きかけをもって書く」タイプ
の文章であることが明らかになった。

75

第 18 回大会発表要旨

日本語教科書と母語話者による使用実態のギャップに説明を与える文法研究
——「〜だと思う」と「〜φと思う」を事例として——

阿部　二郎（北海道教育大学）

　本発表では「〜だと思う」を取り上げ，「だ」の脱落の可否について論じた。日本語教育では「〜だと思います。」における「だ」の脱落は誤用として扱われるが，母語話者は「〜φと思う」の形を用いる場合もある。阿部(2015)ではコーパスに基づき，「〜だと思う」は文末では「だ」の脱落を許容しない一方で，連体修飾や認識動詞構文の形で文中に用いられる場合や「と思われる」という自発の形では「だ」の脱落を許容することを示し，「〜と」内の文らしさ(陳述度)という観点から記述的に一般化している。こうした記述的一般化は日本語学に資するとしても，しばしば抽象的で日本語教育の現場に即応できるとは限らない。しかし，記述レベルでは抽象的であっても，その基礎となっている観察レベルでは語学に資するものとなり得る。文法研究の成果の応用を他人任せにして「文法記述のための文法記述」とならないために観察レベルに目を向けることも重要である。

教育文法のすきまを探り，文法研究の論点を掘り起こす
——形容詞連用修飾の"程度的"用法の位置づけ——

井本　亮（福島大学）

　本発表では「大きく影響する」「深く関与する」等の形容詞連用修飾の程度用法をとりあげ，(1)日本語教育文法に有効な提案ができること，(2)文法研究の研究課題につながることを論じた。まず(1)について，井本(2015, 2017)を概観し，形容詞連用修飾「大きくV」「深くV」の諸用法のうち，コーパスに頻出するのは程度用法で，この用法の指導が日本語教育でも必要・有効であることを確認した。次に(2)について，この程度用法には①叙法制約がない，②形容詞修飾できない，③名詞の数量を表せない，④比較構文に現れるなどの特徴があり，程度副詞には分類できないことを例証した。一方コーパスでは程度用法と程度副詞が相補的に分布しており，程度表現として両者が機能分担している可能性を指摘した。このように，日本語教育文法における課題を考えることは文法研究の新たな課題発見につながるもので，形容詞連用修飾にはこうした研究課題が多く残されている。

第 18 回大会発表要旨

統語・意味解析情報をタグ付けした日本語コーパスの開発
——アノテーションの方法と文法研究への応用——

　文の統語・意味解析情報を付与した現代日本語コーパス NINJAL Parsed Corpus for Modern Japanese（NPCMJ）の開発において採用したアノテーションの原理および方式を具体的な事例とともに説明した。さらに，使用者の便宜のために開発された数種類の検索用インタフェースについて解説した。最後に，実際に NPCMJ から複雑な構文の検索を行うことを通じて，日本語文法研究への適用法について検討を行った。

イントロダクション

吉本　啓（東北大学）

　文統語・意味解析情報付きコーパス NPCMJ の開発の動機，プロジェクトの概要，およびその意義について説明を行った。アノテーション方式としては，ペン通時コーパスに従っている。この方式は世界の主要言語を含む多くの言語のコーパスに利用されていることから，世界で広く受け入れられることが期待される。統語情報のアノテーションは表層情報を尊重しており，また特定の形式言語理論にコミットしない中立的なものである。文統語解析情報を自動処理することにより意味解析情報（述語論理式）が得られるが，これも文に対してタグ付けされる。意味解析情報を利用したり主節・従属節間で主語等の項の継承を行うことで，非境界依存構文やコントロール構文で述語の項が明示的に出現しない場合でも，主語 - 項間の依存関係を把握することが可能になる。簡便なインタフェースとともに公開することにより，幅広い利用が期待される。

アノテーション方式とインタフェース

スティーブン・ライト・ホーン（国立国語研究所非常勤研究員）

　本発表では NPCMJ のアノテーション方式とそのデータにアクセスするための検索インタフェースを簡単に紹介した。先ずテキストとは文法規則の具体的適用例の集まりであるという考え方から，その規則を木構造上の支配関係，先行・後行関係や節点のラベルで形式化するにあたって，構造上の諸関係を一階述語論理の表現に書き換える利点を説明した。文法の基本関係（項・述語関係，修飾語と修飾先の関係，先行詞・代名詞関係）を意味論のレベルで捉え，構造に還元するプロセスとその結果を解説し，そのような意味計算を可能にするアノテーション方式を紹介した。生のデータから意味情報を付与した木構造までの処理過程も説明した。最後にウエブインタフェースを実際に使用して，検索ツール（文字列検索，カッコつきツリー検索，正規表現を用いた検索）を手短に紹介した。

ケース・スタディ

長崎　郁（国立国語研究所非常勤研究員）

　本発表では NPCMJ が実際の日本語研究にどのように使えるか，また NPCMJ をより使いやすいものにするためには何が必要かという点について，「述語省略節」と「ロバ文」という具体的な検索タスクを例にとって報告した。述語省略節に関しては，まず，用例を（A）文脈から述語が復元しうるタイプ，（B）「右方節点繰り上げ」タイプ，（C）「［？を？にして］における［して］の省略」タイプ，の3つのタイプに分類し，その構造的特徴を指摘した。また，（B）と（C）は，省略の生じる節のタイプ（等位接続（IP-ADV-CONJ）か従属接続（IP-ADV-SCON））を，（C）の持つ下位タイプについては，アノテーションにおける「に」の異なる扱い（格助詞（P-ROLE）かコピュラ（AX）か）を，クエリで指定することにより，適切な検索結果が得られることを紹介した。さらに，先行詞と代名詞の関係が問題となる「ロバ文」のような構文の検索には，両者に付与された束縛情報（Binding Information）が利用できることを紹介した。

第18回大会発表要旨

【発表要旨】研究発表

「相互行為言語学」への招待
——What is 'Interactional Linguistics'?——

林　誠(名古屋大学)

　本発表では，1990年代以降おもに欧米で発展してきた「相互行為言語学」について，その理論的・方法論的背景を概説し，分析の具体例をいくつか示した。相互行為言語学は，社会学の分野で発展してきた会話分析の方法論を用いて，自然に生起した社会的相互行為に見られる言語現象を分析することを目的とした言語学の一分野であるが，「文法」の捉え方が従来の言語学とは大きく異なる。すなわち，文法を文脈から切り離された抽象的な記号体系として分析するのではなく，文法現象を言語の使用文脈との関係(特に，言語を用いて会話参与者が行っている行為との関係)で理解することを目指している。その具体例として，一つの「文」の内部に話し手と聞き手のやりとりが挿入される現象や，「言葉探し」に従事する際のストラテジーの一つとして，指示詞が用いられる現象を紹介した。

対人場面の会話におけるフィラーが関わる連続使用

落合　哉人(筑波大学大学院生)

　フィラーが関わる連続使用(「フィラー＋フィラー」「フィラー＋接続詞」「接続詞＋フィラー」)の会話コーパスにおける出現傾向について報告した。特に，発話冒頭と発話途中それぞれで①1番目に現れやすい語②2番目に現れやすい語③1番目と2番目で同程度現れる語を分類すると，以下4点の傾向が見られることを述べた。1)「なんか＋こう」「でも＋なんか」などが頻出する。2)発話冒頭ではほとんどの語が①か②に分類できる。3)発話途中でも「あ」「え」「で」は①に，「えーと」「こう」「じゃあ」は②に分類できる。4)「じゃあ」を除くほとんどの接続詞はフィラーに先行できるが，フィラーは発話冒頭の①と「なんか」及び「まあ」のみ接続詞に先行できる。

　分析を踏まえ連続使用の語順は概ね「位置を問わず①→発話冒頭でのみ①→「じゃあ」を除く接続詞→発話冒頭でのみ②→位置を問わず②」の5段階に整理できることを示した。

79

第18回大会発表要旨

語りの monologue における終助詞の出現傾向
——被爆者証言における「ね」の頻出に着目して——

白川　稜（筑波大学大学院生）

　談話は，聞き手存在とターン交替の有無という素性によって，「対話（dialogue）」，「独話（monologue）」，「独り言」の3つに大きく分類される。本発表では，monologue 的な談話として被爆体験を語る証言談話を取り出し，終助詞の出現傾向について観察を行った。その結果，「ね」が多く出現するとされてきた dialogue や独り言（Maynard1997，廣瀬・長谷川 2010）と比べてもなお，monologue において「ね」の使用が多くなることを指摘した。加えて，その要因について(1)聞き手の存在による聞き手配慮の必要性，及び(2)ターン交替の不可能性による参照情報源の単一性及びそこからくる情報検索の頻度増加，という2点を見出し，それら2つの要因の輻輳によって特に monologue において「ね」が多く用いられると説明した。

「わりに」「割合に」における接続助詞用法と副詞用法の関連について

川島　拓馬（筑波大学大学院生）

　本発表では「わりに」「割合に」という形式を取り上げ，その接続助詞用法と副詞用法の関連について考察を行った。まず派生関係として，「わりに」は接続助詞用法から副詞用法が生じたと考えられるが，「割合に」はその反対であることを指摘した。次いで2つの用法について，接続助詞用法は二者間の対応関係を表すため「話者の予想」という側面が前景化するが，副詞用法の場合は単一の基準が想定されるだけであり「標準との比較」といった側面が強くなると説明を試みた。両者の間には比較対象をどのように設定するかという点において差が見られるが，何らかの尺度との隔たりに言及するという共通点があり，連続的と言える。また「わりに」「割合に」の2形式が接続助詞用法・副詞用法のいずれを基盤とするかは，その構成要素である名詞「割」「割合」の語彙的意味および名詞としての自立性と関連があることを述べた。

第18回大会発表要旨

否定を含む程度構文の意味解釈について

呂　妍（早稲田大学大学院生）

　本発表は「この温泉は一人も来ない ｛までに／ほど(に)／＊まで｝衰微した」や「他の社員に負けない ｛くらい(に)／程度に｝働いた」のような，「否定＋まで(に)／ほど(に)／くらい(に)／ぐらい(に)／程度に」の程度構文について考察した。その結果，次のような現象が観察された。(1)「くらい(に)」程度節の表す程度の高さは「くらい」「くらいに」という形式だけによって決められるのではない。(2)非高程度修飾節では「くらいに」「程度に」の「に」が必要である。(3)「この温泉は人が ｛? φ ／全く｝ 来ないまでに衰微した」のように否定を含む場合，「までに」節には「に」と「一人もない」のような極端値程度を含む内容が必須である。(4)高程度修飾節では，「まで(に)」「ほど(に)」「くらい(に)」の「に」が省略できる。これらの現象から，「に」の性質の違いや高程度の修飾成分における副詞化の傾向などが指摘できる。

「ホドニ」の原因・理由を表す意味の獲得について

百瀬　みのり（大阪大学大学院生）

　本発表は「ホドニ」が〈原因・理由〉を表す意味を獲得した過程について，「ホドニ」の構文的条件の変化の側面から考察したものである。発表では，①〈原因・理由〉の意味を表す「ホドニ」の特定について客観性を高めるために「(A：)，(B：)の関係」を設定した。②「ホドニ」の〈時間〉の意味と〈原因・理由〉の意味が現れた時期の時間差について，「ホドニ」が上代，中古期には「名詞句＋格助詞」としての機能が優先的であったのが，中世期になり「ホド」が副助詞として「ホドニ」で連用句を作る機能が優先的となった過程（「ホドニ」前句に，後句との間に時間的な継起性が関与しない句が増えたこと）を考え，その時間差によるものであると説明した。③「ホドニ」が〈原因・理由〉を表す意味を獲得した経緯には語用論的側面に加え，②で述べたような「ホドニ」の構文的条件の変化という文法的側面も関与していることを説明した。以上①〜③を述べた。

81

第18回大会発表要旨

中世日本語動詞活用体系における一段活用について
——「二段活用の一段化」の分析を通して——

岡村　弘樹（京都大学非常勤講師）

　本発表は一段活用が中世の活用体系においてどのように位置付けられるかを考察したものである。まず，「二段活用の一段化」という現象を，I. 上代から中古にかけて単音節の上二段動詞が全て一段化，II. 中世においては前代より多様な一段化が散発的に見られるが一段化として定着するのは稀，III. 中世末期から江戸時代中期にかけて全ての二段活用が一段活用へと移行，という三段階に整理した。「一段化」現象は1000年以上にわたって続いていたのでも，中世において断絶があったのでもなく，「停滞期」とも呼びうる積極的な一段化への定着を見ない時期（＝II）をはさんだと考えられる。このIIの時期の一段化の実態と，一方で二段活用の一段化においては活用を転じても動詞に意味の変化が確認できないことから，中世における一段活用とは二段活用に対して付属的な，あるいは二段活用の下位分類に位置付けられるような活用の型であっただろうと主張した。

近代文法用語の成立と学校国文法
——「順接・逆接」をめぐって——

山東　功（大阪府立大学）

　言語学史的に見て，18世紀以降の文法研究の流れは，「技術」としての文法から「科学」としての文法へと進んでいったと言えるが，文法用語そのものについては，技術としての文法の特質をもった学校文法の影響下にあることが多い。本発表では，そうした文法用語の成立をめぐって，日本語文法研究における学校国文法の影響について，特に「順接・逆接」という術語について検討を行った。大正・昭和戦前期の，接続詞や接続助詞といった品詞論的研究から，昭和戦後期以降，条件文や理由文などの構文論的研究へと進んでいく中，接続詞・接続助詞の意味分類が，「順接・逆接」という対概念とともに措定されていくこと，また，通時的・共時的観点から「接続」に関する包括的原理の追求がなされていった点を指摘した。さらに，戦後の文章論研究において，「順接・逆接」が時間的接続・論理的接続の両方にかかる術語として捉えられるようになった点についても指摘した。

条件表現形式ギーの成立背景についての考察

岩田　美穂（就実大学）

　本発表は，九州西北部に広く分布する条件形式であるギー類が，どのような要因で条件形式となったのか，について考察したものである。まず，ギーの由来が際限を表す名詞「ギリ」であること，ギーが予測的条件文・反事実的条件文を中心用法とすること，異形態として「ギリ＋ニ／ニワ／ワ」の複合した形が広く分布することから，現代共通語における周辺的条件形式である「時には」「場合（には）」との共通性を指摘した。それをふまえ，18世紀の中央語においては，ギリが「明日」や「三日」などの時間を表す名詞を前接させかつ助詞ニを伴った形で「〜までに」のような期限を表す時間副詞句として多用されていることから，ギーがこのようなギリの時間副詞句的用法から発達した可能性を述べた。さらに，「際限」の意味から条件形式としての解釈は生じにくいことから，ギリが「際限」から事物の「限定」へと意味をシフトさせる必要があることを論じた。

関西方言の否定形式ナイ・アラヘン・チガウの諸用法

松丸　真大（滋賀大学）

　本発表では，関西方言の名詞・形容動詞述語の否定形に用いられる〜ヤナイ・ヤアラヘン・（ト）チガウの3形式に注目し，各形式の用法を整理した。その結果，3形式は〈否定〉用法を持つ点では共通するが，次の点で異なることを指摘した。
・ヤナイは〈否定疑問〉〈推測〉用法も持つ。
・（ト）チガウも〈否定疑問〉〈推測〉用法を持つ。ただし〈否定疑問〉のうち話し手認識を問う用法ではヤナイのほうが好まれ，逆に〈推測〉用法では（ト）チガウのほうが好まれるという傾向がある。
・ヤアラヘンは〈推測〉用法を持たない。また，非文法的にはならないものの〈否定疑問〉の一部用法では使いにくい，連体修飾節内やスコープの「のだ」の後に生起しにくいという制約がある。

第 18 回大会発表要旨

動作をあらわす「形容詞ク形＋する」と語彙性・生産性

新山　聖也（筑波大学大学院生）

　本発表では，動作をあらわす「形容詞ク形＋する」という形式を取り上げ，その語彙性・生産性について検証した。田川(2017)において，「形容詞ク形＋する」という形式には「部屋を明るくする」のように状態変化をあらわすタイプと「花子に優しくする」のように状態変化ではなく動作をあらわすタイプが存在することが指摘されている。田川(2017)は動作タイプについて一種語彙的としており，本発表はこの点に関して反論を行った。まず，語彙的な句とされるイディオム等との比較から，「形容詞ク形＋する」は意味論的に構成的であり，典型的に語彙的とされる形式とは異なることを示した。次に生産性について，一時性・意志性という意味論的制約を仮定した上で，意味論的制約を満たすような文脈では生産的であることを示した。この2点から，動作をあらわす「形容詞ク形＋する」は語彙的な形式ではなく生産的な形式であることを主張した。

主語の特徴から見た自動詞使役文の成立条件
——他動詞文との比較を通して——

竹本　理美（筑波大学大学院生）

　本発表では，「連日の雨が庭に草を生えさせた」や「高圧の電流が電球を光らせた」等の無生名詞を被使役者とした自動詞使役文の成立条件について考察を行った。先行研究では，ヲ格名詞句の「自発性」に着目した説明が中心であったが，本発表では，対応する他動詞の有無にかかわらず，主語が動作主の場合には自動詞使役文は成立せず，原因主語もしくは主語がヲ格名詞句と再帰的関係を有する場合には成立することを明らかにした。特に，原因主語の場合には，原因主語が持つ「事態の複合性」が自動詞使役文成立に関与することを示した。また，動作主主語の場合に自動詞使役文が成立しないことから，宮川(1989)のブロッキングのシステムにおいて，自動詞使役形は他動詞の形態的代用形として競合的関係にあるのではなく，意味的および統語的に独自の位置づけに存在することを主張した。

第18回大会発表要旨

可能動詞と自・他動詞の獲得過程から見る接辞 e の役割について

江村　健介（岩手県立大学）・高橋　英也（岩手県立大学）

　日本語のヴォイス現象の獲得に関して，生成文法理論の枠組みで考察している先行研究の数は，他の統語現象の獲得に比べて，ごく少数と思われる。その中で，可能動詞の獲得については，Fuji, Hashimoto, and Murasugi (2008a, b) が，可能動詞と自他交替の獲得が時系列上で並行的に進行するという観察に対して，v への語彙挿入規則に関する発達上の問題として，統一的に扱う分析を提示しているが，その妥当性の検証を行った論考は見当たらない。本発表では，可能動詞の形態的な特徴を踏まえた上で，Fuji, Hashimoto, and Murasugi (2008a, b) の分析を概観し，日本語を母語とする子どもの発話資料に丁寧な目配りができていないこと，及び，活用型に応じた形態統語論を想定していないことから，経験的に妥当ではないことを指摘した。そして，従来指摘されてきた，可能動詞と自他交替の獲得の時系列上の並行性が，接辞 e の形態統語的特性の下で，再定式化されることを論じた。

「後置された」連体修飾成分の統語特性に基づく後置文の分類

木村　宣美（弘前大学）

　後置文は2つの節から成る文で，2番目の節内の要素が移動規則の適用により文頭に移動し，それ以外の要素が最初の文との同一性に基づき削除されると分析されている。この移動と削除に基づく分析にとって問題となるのが，属格表現等の連体修飾成分を伴う後置文である。連体修飾成分の移動は，左枝条件に違反し，本来許されないはずだからである。本発表では，連体修飾成分を伴う後置文において，左枝条件以外の島の効果が観察されることを指摘し，仮説「連体修飾成分を伴う後置文では連体修飾成分を含む名詞句が移動する。」を組み込んだ，移動と削除に基づく分析を提案した。また，「島の効果」や「数量詞の作用域の曖昧性」の有無に基づき，空所を伴う後置文と空所を伴わない後置文に区別する必要があることを指摘し，この違いは，空所を伴う後置文に対する「移動＋削除」分析と空所を伴わない後置文の「削除」分析に基づき説明することができることを論じた。

85

非対格・非能格自動詞構文の数量詞遊離現象における容認度
──実験的研究──

鈴木　一徳(東京工業大学大学院生／日本学術振興会特別研究員)・
姜　銀実(東京工業大学大学院生)・平川　八尋(東京工業大学)

　本発表では，遊離数量詞(FNQ)を伴った非能格自動詞文において，干渉する副詞の種類によって容認度に差が生じることを実証的に検証した。Miyagawa(1989)は，相互c統御条件を仮定することで，非対格自動詞文ではFNQの認可が可能であるが非能格自動詞文では不可能であると述べている。しかし，高見(1998)は，非能格自動詞文であっても干渉する副詞の種類によっては容認可能になると主張している。

　本研究では，日本語母語話者を対象に容認性判断課題を実施した。データ分析の結果，非対格自動詞文および場所を表す副詞を伴った非能格自動詞文においては，FNQの有無にかかわらず高い容認度が得られた。しかし，様態を表す副詞を伴った非能格自動詞文はFNQがある場合に容認度が有意に低くなった。この結果より，FNQの認可には統語的制約だけではなく意味的制約も関わっていることを論じた。

終助詞ガ，ダの分析
──文タイプも発話の力も変えない終助詞──

大江　元貴(金沢大学)

　(1)「だから言ったでしょうガ！」(2)「知りませんよーダ。」のように文末に生起するガ，ダについて考察を行なった。まず，(1)のガはケ(レ)ドと置き換えられず，文と文をつなぐ働きを持たないこと，(2)のダはデスと置き換えられず，活用しないことを指摘し，(1)(2)のガ，ダは接続助詞ガや助動詞ダの一用法ではなく，それらとは独立した終助詞とみなしうる形式であることを確認した。これまで終助詞は，(A)文タイプを決定づける終助詞(ナ，カナなど)と，(B)文タイプの決定には関わらない終助詞(ヨ，サなど)の2つのタイプに分けて整理されてきた。本発表では文タイプに加えて，語用論的な「発話の力」との関係に着目した分析を行い，終助詞ガ，ダは，文タイプを決定づけることも発話の力を変えることもないという点で，(A)(B)のいずれとも異なる，第3のタイプの終助詞として位置づけられることを見出した。

モの周辺的用法の再分類
──文の階層構造ととりたての観点から──

榎原　実香（大阪大学大学院生）

　本発表では，同類の他の事態が想定されにくいモをモの周辺的用法とし，中尾(2008)によるモの周辺的用法の分類を，南(1974, 1993)の文の階層構造，モによってとりたてられる対象の観点から再検討した。文の階層構造の観点からは，（ア)「春もたけなわ」などの典型例表示のモはA類，（イ)「夏も終わった」などの時にかかわるモはB類，（ウ)時にかかわらない潜在的意識活性化のモや「太郎も大人だねえ」といった解釈のモ，当たり前のモはC類に属する要素であることを明らかにした。また，とりたての観点からは，（ア)A類に属するモは語の一要素を，（イ)B類に属するモは文中の要素を，（ウ)C類に属するモは事態への態度をとりたて，モが属する階層とモのとりたてる対象がそれぞれ対応していることを示した。（ア)（イ)（ウ)の分類でもってモの周辺的用法の統語的な側面が扱えるようになることを主張した。

「スル」形による命令表現に関する一考察

葉　懿萱（東呉大学）

　本発表は「スル」形による命令表現の機能的特徴と意味的特徴に着眼し，考察を行った。「スル」形による命令表現の機能的特徴について次のことを明らかにした。
a. 話し手の発話したタイミング（発話場面)で話し手側の意向に沿った動作を聞き手に実行させようとする機能が強く前面に出ている。
b. 話し手と聞き手の間に意向，認識の矛盾，対立が存在しても，話し手はその矛盾，対立をなくそうとし，聞き手の意向を話し手の意向に沿わせようとする。
　意味的特徴：「スル」形による命令表現は，話し手が聞き手に動作を要求するべく働きかけるというより，「スル」形を用いることによって，聞き手に当該行為は聞き手自身が行うべき動作であると認識させることに重点が置かれている。その認識を喚起し，聞き手に自ら動作を生起するように仕向けることで，「スル」形に命令の意味が付与される。

曖昧性をもつ＜話し手行為＋ますか＞申し出文とその解釈に関する考察
──話し手の事態認知に着目して──

酒井　晴香（筑波大学大学院生）

　本発表では，現実世界で話し手が行為主となる＜話し手行為＋ますか＞申し出文に，「お弁当，温めますか。」→「お弁当温められますか。」のように尊敬語化を許容する，つまり非顕在的主語が聞き手となる「疑似聞き手行為主タイプ」の解釈があることを指摘した。また，そのタイプが佐藤（1994, 1997, 2005）の「介在性の他動詞文」と同様のメカニズムで成立していることを述べ，成立条件を考察した。具体的には，介在性の他動詞文の成立条件を，①行為過程の背景化，②主語に権力があることとした上で，①について「主語による行為の選択があること」を要因として提示し，その成立条件が，疑似聞き手行為主タイプにも当てはまることを示した。考察を踏まえ，発話時には述語動詞句で表される行為が未実現であるような申し出の文脈を考慮に入れることで，介在性の他動詞文の成立条件①について，上記の要因の検討が可能となることを述べた。

会則

2000 年 12 月 10 日制定
2014 年 11 月 22 日改訂

第 1 条 （名称）本会を日本語文法学会（The Society of Japanese Grammar）と称する。

第 2 条 （目的）本会は，日本語文法研究の進展と研究者の育成を図ることを目的とする。

第 3 条 （事業）本会は，上記の目的を達成するために，次の事業を行う。
　　　　(1) 学会誌『日本語文法（Journal of Japanese Grammar）』の刊行。
　　　　(2) 大会（研究発表会を含む）の開催。
　　　　(3) その他，必要な事業。

第 4 条 （会員）本会の会員の種類を次の通りとする。
　　　　(1) 一般会員：本会の目的に賛同し，所定の一般会費を前納した者。
　　　　(2) 学生会員：本会の目的に賛同し，所定の学生会費を前納した者。
　　　　(3) 維持会員：本会の目的に賛同し，本会の維持に協力するために所定の維持
　　　　　　会費を前納した者。

第 5 条 （入会および退会）会員になろうとする者は，会費を納入し，所定の入会手続きを行うものとする。
　　 2．本会を退会する場合は，事務局に申し出なければならない。

第 6 条 （会員の権利）会員は，学会誌の配布を受ける。また学会誌に投稿し，その他，学会が行う事業に参加することができる。

第 7 条 （役職）本会に次の役職をおく。
　　　　会長　（1 名）
　　　　副会長　（必要数）
　　　　評議員　（必要数）
　　　　大会委員長　（1 名）
　　　　大会副委員長　（必要数）
　　　　学会誌委員長　（1 名）
　　　　学会誌副委員長　（必要数）

会則

　　　総務委員長　（1名）
　　　総務副委員長　（必要数）
　　　会計監査　（2名）

2.　会長は，評議員会が会員の中から選出する。本会には，必要に応じ副会長をおくことができる。副会長は，会長が会員の中から必要数を推薦し，評議員会で決定する。

3.　評議員の選出方法については，別に定める。

4.　各委員長は，会長が会員の中から推薦し，評議員会で決定する。各副委員長は，各委員長が会員の中から必要数を推薦し，評議員会で決定する。

5.　会計監査は，評議員会が会員の中から2名を選出する。

6.　会長は，会を代表する。

7.　会長，副会長および評議員は評議員会を組織し，重要事項の審議を行う。

8.　会長，副会長および各委員長，副委員長は運営委員会を組織し，会の運営方針の立案，会の事業の企画立案等を行う。委員長，副委員長にはそれぞれ会長，副会長があたる。

9.　それぞれの役職に就任する者は，就任時点で60歳未満でなければならない。

第8条　（委員会）本会に次の委員会をおく。
　　　大会委員会
　　　学会誌委員会
　　　総務委員会

2.　大会委員会は大会に関する業務を分担する。学会誌委員会は学会誌等に関する業務を分担する。総務委員会は他の委員会の管掌する業務以外のすべての日常業務を分担する。

3.　各委員会の委員は，第7条に定める委員長が会員の中から必要数を推薦し，評議員会で決定する。ただし，その必要性が認められる場合，非会員に委員を委嘱することができる。

4.　会長は，必要に応じ，評議員会の議を経て委員会を臨時に設置することができる。

5.　各委員会の運営に際し，ここに定める以外に必要な事項は，各委員会が定めるものとする。

6.　それぞれの委員に就任する者は，就任時点で60歳未満でなければならない。

第9条　（任期）会長の任期は3年とし，1期に限る。副会長の任期は，その期の会長の任期終了までとし，1期に限る。

会則

2. 評議員の任期は 6 年とし，3 年毎にその半数を交代するものとする。

3. 会計監査の任期は 3 年とし，1 期に限る。

4. 委員長，副委員長の任期は 3 年とし，1 期に限る。

5. 委員の任期は 3 年とする。

6. それぞれの任期は，4 月 1 日に始まるものとする。

7. 評議員を除き，任期途中で欠員になった場合，後任の者の任期は前任者の残任期間とする。

8. 任期途中で評議員が欠員になった場合，その都度，評議員会でその処置を議する。

第 10 条 （事務局）本会の事務局については別に定める。

第 11 条 （会員総会）本会は，毎年 1 回定例総会を開催する。

2. 会長は，評議員会の議を経て，臨時総会を招集することができる。

3. 会員の 5 分の 1 以上から議題を示して臨時総会の招集が請求された場合，会長は速やかに臨時総会を招集しなければならない。

第 12 条 （会計）本会の事業遂行に必要な経費は，会費，寄付金およびその他の収入でまかなう。

2. 本会の会計年度は，毎年 4 月 1 日に始まり翌年 3 月 31 日に終わる。

3. 各会計年度の決算は，会員に報告し，かつ翌年度の総会で承認を得なければならない。決算は，会計監査によって監査されなければならない。

第 13 条 （改訂）この会則の改訂は，評議員会または運営委員会の提案により，総会において決する。

第 14 条 （細則）この会則の執行および本会の運営に必要な細則は，評議員会で定める。

附則 1： この会則は 2000 年 12 月 10 日から施行する。

附則 2： 2000 年度選出の会長，評議員，会計監査，委員長，副委員長，委員の任期は，2000 年度および 2001 年度からの所定の任期とする。

附則 3： 2000 年度選出の会長については，第 7 条第 2 項の規定にかかわらず，2000 年度定例総会において選出する。

附則 4： 2000 年度選出の各委員会の委員長，副委員長，委員については，第 7 条第 4 項および第 8 条第 3 項の規定にかかわらず，日本語文法学会設立準備委員会が推薦し，2000 年度定例総会において決定する。

会則

附則5：2000年度選出の会計監査については，第7条第5項の規定にかかわらず，日本語文法学会設立準備委員会が推薦し，2000年度定例総会において決定する。

附則6：2000年度定例総会は，会議に関する細則第5項にかかわらず，日本語文法学会設立準備委員会委員長が招集し，議長を指名する。

附則7：2017年度から任期が始まる評議員については，第9条第2項の規定にかかわらず任期を2023年度までとし，また，第7条第9項の規定にかかわらず，就任時点で59歳未満でなければならない。

[会長選出に関する細則]

2002年12月7日制定
2006年7月20日改訂
2015年6月16日改訂

1. この細則は，会則第7条第2項のうち会長の選出方法について定める。

2. 会長は，会員の中から評議員の投票によって選出する。投票は，無記名単記とする。

3. 投票の結果，評議員の現員数の過半数の得票を得た者を会長当選者とする。過半数を得た者がいない場合，得票上位者から得票数を加算し，過半数に到るまでの者を被選挙人として，最高得票者が過半数を得るまで再投票を繰り返す。なお，得票数が同数の者は，全て被選挙人とする。

4. 前項の投票の結果，最高得票者が2名で，当該の2名がともに評議員の現員数の半数の票を得た場合は，評議員会において抽籤により会長当選者を決する。

5. 会長選挙管理委員会は，現会長を選挙管理委員長として組織する。委員長以外の選挙管理委員は，委員長が評議員の中から必要数を選出する。

6. 選挙管理委員が被選挙人となった場合は，選挙管理委員を辞する。欠員は，選挙管理委員長が必要に応じて補充する。

7. 会長選挙管理委員会は，会長当選者に対してその旨を通知するとともに，会員に対して適切な方法で会長当選者を公示する。

附則：この細則は2015年6月16日から施行する。

会則

[評議員選出に関する細則]

2000 年 12 月 10 日制定
2004 年 6 月 10 日改訂
2004 年 7 月 9 日改訂
2005 年 8 月 6 日改訂
2015 年 11 月 14 日改訂

1. この細則は，会則第 7 条第 3 項の評議員の選出方法について定める。

2. 評議員は，会員の中から選挙で選出する。

3. 評議員の任期満了が予定される場合，任期満了の前年の適当な時期までに，評議員会は次期評議員選挙による選出評議員数を定める。

4. 評議員選挙管理委員会は，非改選の評議員の中から会長が指名した若干名の委員によって組織する。評議員選挙管理委員会の委員長は，委員の互選によって選出する。

5. 評議員選挙管理委員会は，会員に対して評議員選挙を行うことを公示する。

6. 選挙権を有する会員は，当該年度の会費の納入が確認された個人会員とする。

7. 評議員の被選出資格を有する会員は，次の条件をともに満たす個人会員とする。
   （1） 6. に定める選挙権を有すること
   （2） 会則に定める年齢の規定を満たすこと

8. 評議員選挙管理委員会は，選挙権を有する会員に対し，次の要領により，新任評議員候補者の推薦を求める。
   （1） 被推薦資格は，次の条件をともに満たすこととする。
      ア．7. に定める被選出資格を有すること
      イ．現任の評議員ではないこと
   （2） 評議員選挙管理委員会は，本条（1）に該当する会員の名簿を告示する。
   （3） 選挙権を有する会員は，所定の時期までに所定の方法で，推薦する候補者の氏名を評議員選挙管理委員会に届け出ることができる。なお，1 人の会員が推薦できる候補者数の上限は 10 人とする。

9. 評議員選挙管理委員会は，次の要領により，当該の評議員選挙の被選挙人を定める。
   （1） 被選挙人の数は，3. で定められた選出評議員数の 2 倍とする。
   （2） 任期を終える評議員のうち 7. に定める被選出資格を有する者は，被選挙人とする。
   （3） 残りの被選挙人は，8. によって推薦された候補者の中から，推薦者数の多い順に，本条（1）に定めた数に達するまでの者をあてる。なお，推薦者数が

会則

同数の場合は抽選による。

10. 評議員選挙管理委員会は，選挙権を有する会員に対して，次の要領により，評議員選挙の被選挙人の名簿を告示し，投票を求める。

（1） 被選挙人の名簿は，9.によって確定した者の氏名を五十音順に示すものとする。

（2） 選挙権を有する会員は，本条（1）の名簿に基づき，所定の時期までに所定の方法で投票を行う。なお，投票は，無記名による10人連記（10人に達しない場合も有効）とする。

11. 評議員選挙管理委員会は，10.の投票に基づき，得票順に，3.で定められた選出評議員数に達するまでの者を評議員当選者とする。なお，得票数が同数の場合は年長の順にあてる。

12. 評議員選挙管理委員会は，評議員当選者に対してその旨を通知するとともに，会員に対して評議員当選者を公示する。なお，任期発生以前に辞退者が生じた場合にあっても，当選者の繰り上げは行わないものとする。

13. 評議員選出にかかる管理・事務に関して，会則および本細則に定められていないことについては，評議員選挙管理委員会の判断によって運用するものとする。

附則：この細則は2015年12月1日から施行する。

[事務局に関する細則]

2000年12月10日制定

2007年3月31日改訂

2010年5月16日改訂

2012年4月1日改訂

2013年4月1日改訂

2016年4月1日改訂

1. この細則は，会則第10条の事務局について定める。

2. 本会の事務局は，〒263-8522　千葉県千葉市稲毛区弥生町1-33
千葉大学教育学部　安部朋世研究室内におく。

3. 事務局長には総務委員長があたり，事務を総理する。

附則：この細則は2016年4月1日から施行する。

会則

［会費等に関する細則］

2000 年 12 月 10 日制定

2005 年 8 月 6 日改訂

2011 年 12 月 3 日改訂

1. この細則は，会則第 4 条の規定のうち，会費について定める。
2. 一般会員の会費は，年額 6,500 円とする。
3. 学生会員の会費は，年額 4,000 円とする。学生会員は，年度内にその身分を証明する書類を事務局が指定する組織に提出しなければならない（提出先については学会ホームページを参照のこと）。
4. 維持会員の会費は，年額一口 10,000 円とする。
5. 海外在住の会員のうち ODA 対象国在住の者については，一般会員 3,300 円，学生会員 2,000 円とする。
6. 会費をその年度の 8 月末日までに納入しない者は，特別の事由がある場合を除き，会員の資格が停止され，会員の権利の執行が制限される。その後，2 月末日までに会費を納入しない者は，会員資格を喪失する。

   附則 1： この細則は 2012 年 4 月 1 日から施行する。

［会議に関する細則］

2000 年 12 月 10 日制定

1. この細則は，評議員会，委員会，総会の会議の施行について定める。
2. 評議員会は会長が招集し開催する。議長には会長があたる。議事は，委任状を含む過半数の賛成でもって決する。
3. 委員会は委員長が招集し開催する。議長には委員長があたる。議事は，委任状を含む過半数の賛成でもって決する。
4. 評議員会，委員会は，電子会議でもって行うことがある。
5. 総会は会長が招集し開催する。議長は，その都度，役職者および委員以外の出席会員から選出する。議事は，出席者の過半数の賛成でもって決する。
6. 評議員会，委員会，総会の議事概要は会員に報告する。

   附則：この細則は 2000 年 12 月 10 日から施行する。

役員・委員(評議員を除き 2016年度から 2018年度まで)

2017年4月14日現在

〈会長〉
森山卓郎

〈副会長〉
井上優,定延利之

〈評議員〉(*印の評議員は 2020年度まで,無印の評議員は 2023年度まで)
青木博史,天野みどり,有田節子,庵功雄,石黒圭*,井島正博,井上優*,上山あゆみ*,加藤重広*,金水敏*,小柳智一*,定延利之,佐藤琢三*,渋谷勝己*,白川博之*,杉本武,高山善行,野田春美,野田尚史*,日高水穂,前田直子,三宅知宏,宮崎和人,森山卓郎*,矢島正浩

〈運営委員〉
森山卓郎(会長),井上優(副会長),定延利之(副会長),前田直子(大会委員長),天野みどり(大会副委員長),仁科明(大会副委員長),松木正恵(学会誌委員長),上山あゆみ(学会誌副委員長),小田勝(学会誌副委員長),安部朋世(総務委員長),石田尊(総務副委員長),岡部嘉幸(総務副委員長)

〈大会委員〉
前田直子(委員長),天野みどり(副委員長),仁科明(副委員長),青木博史,岡﨑友子,今野弘章,志波彩子,下地賀代子,舩木礼子,三宅知宏

〈学会誌委員〉
松木正恵(委員長),上山あゆみ(副委員長),小田勝(副委員長),安達太郎,阿部二郎,岩本遠億,大木一夫,尾谷昌則,片岡喜代子,狩俣繁久,藏藤健雄,佐々木冠,下地理則,菅井三実,高山善行,田和真紀子,張麟声,仲本康一郎,丹羽哲也,馬場俊臣,丸山岳彦,三井正孝,守屋三千代,矢島正浩,山崎誠,渡辺文生

〈総務委員〉
安部朋世(委員長),石田尊(副委員長),岡部嘉幸(副委員長),井戸美里,井本亮,川瀬卓,鈴木彩香,田中佑,冨樫純一

〈会計監査〉
島田泰子,橋本修

入会案内

　入会についての条件はありません。学会ホームページから入会申し込みの上で年会費1年分をクレジットカードで納入するか，下記の口座にお振り込みの上で学会ホームページから入会申し込みを行ってください（振込用紙の通信欄にはご記入なさらないでください）。学会ホームページにアクセスできない場合は，事務局にお問い合わせください。会費は，振り込まれた年度の会費となります。ただし，3月中の振り込みの場合は，翌年度の会費となります。

　振り込みによる場合，入会申し込みは，振り込み後，なるべく早く行ってください。入会申し込みがない場合，入会の手続きは完了しません。なお，振り込みの確認のため，振り込み年月日を必ずご記入ください。

　なお，会費には，学会誌代も含まれます。年度途中に入会された場合も，その年度に発行された学会誌が配布されます。ただし，入会以前に発行された号は，入会後に発行される号の発送の際にあわせて発送します。

　その他，学会についての詳細は，学会ホームページをご覧になるか，事務局までお問い合わせください（学会ホームページ，事務局については奥付をご参照ください）。

　　年会費：一般会員 6,500 円，学生会員 4,000 円，維持会員 1 口 10,000 円
　　　　　　（ただし，ODA対象国在住者は，一般会員 3,300 円，学生会員 2,000 円）
　　郵便振替口座番号：00160-0-548086
　　　　口座名　：株式会社QM日本語文法学会係
　　登録情報：氏名，氏名ふりがな，住所，電話番号，電子メール・アドレス，所属，
　　　　　　　身分（学年），専門分野，会員種別，口数（維持会員の場合），振り込み
　　　　　　　年月日

　なお，維持会員は，学会の財政的維持にご協力いただくもので，資格，義務等はございません。ご協力のほど，お願い申し上げます。

［住所変更等について］

　住所変更等，登録情報に変更があった場合は，学会ホームページ（会員マイページ）から変更を行ってください。学会ホームページにアクセスできない場合は，事務局にお問い合わせください。

［継続会費の納入について］

投稿要領

　継続して会費を納入する場合は，学会ホームページからクレジットカードで支払うか，上記口座宛振り込みで8月末日までにお払い込みください。お振り込みの場合は，通信欄に「継続(20XX年度会費)」と明記してください。その年度の会費を8月末日までにご納入いただけない場合，会員資格が一部停止され，会費納入まで論文投稿や大会発表が制限されます。また，学会誌の送付も停止いたします。9月以降にご納入いただいた場合は，9月末刊行の学会誌は，次の号(翌年3月刊行)と合わせて送付することになりますので，ご注意ください。なお，年度が変わった後で，前年度の会費を納入することはできません。会費の納入の確認には2週間程かかります。余裕をもってお支払いください。

投稿要領

1. 投稿資格

　著者は，投稿時点で日本語文法学会会員でなければなりません。共著の場合は，筆頭著者が会員であることが必要です。

2. 投稿原稿の内容

　日本語文法とその関連領域に関する未公刊の原稿に限ります。

　日本語文法(現代語，古典語，方言を含む)に関連する問題を扱っていれば，次のような分野も関連領域とします。

　　音声学，音韻論，語彙論，形態論，意味論，談話研究，文章・テクスト論，語用論，生成文法，社会言語学，認知言語学，心理言語学，対照言語学，日本語教育，国語教育，自然言語処理など

　なお，単行本，学会誌，紀要，商業誌などに発表されたものや投稿中のものは投稿できません。学会・研究会などでの研究発表予稿集・論文集などに掲載されたもの，科学研究費補助金などの研究報告書に掲載されたもの，未公刊の修士論文・博士論文の一部などは投稿できます。

3. 投稿原稿の種類

　投稿原稿は，次の2種類とします。

　　研究論文

　　研究ノート(問題提起，調査報告，技術情報など)

投稿要領

　投稿原稿の他，学会誌委員会が日本語文法学会会員または会員以外に，研究論文，書評論文，展望論文，シンポジウム論文(特集論文)などの執筆を依頼し，それを掲載することがあります。依頼論文も審査を行います。

4.　使用言語
　本文，注，文献は日本語または英語で書いてください。題目，氏名，所属，要旨，キーワードは，日本語と英語(氏名はローマ字)の両方で書いてください。

5.　投稿原稿の分量
　投稿原稿は，本文・注・文献と，日本語および英語の題目・氏名・所属・要旨・キーワードを含め，できあがり誌面で次の分量とします(投稿時に分量が超過している原稿は受理しないことがあります)。

　　研究論文・展望論文　　　16ページ以内(400字詰め原稿用紙40枚以内にほぼ相当)
　　研究ノート・書評論文　　8ページ以内(400字詰め原稿用紙20枚以内にほぼ相当)
なお，査読後の修正過程で1ページ以内での超過が認められることがあります。

6.　投稿原稿の書き方
（1）書式
　　　「ワード」または「一太郎」を使用し，なるべく学会ホームページからテンプレートをダウンロードして使ってください。ダウンロードできない場合は，縦置きのA4用紙を用い，できあがり誌面に近い形で原稿を作成してください。日本語の場合は，本文は1行34字，1ページ30行とし，注や文献は1行40字，1ページ33行を目安にしてください。英語の場合は，本文は1行66字，1ページ30行，注や文献は1行80字，1ページ33行を目安にしてください。どうしても「ワード」または「一太郎」を使用できない場合は，分量の確認等のため，必ず，本文・注・文献とも「1行34字，1ページ30行」(英語の場合は，本文・注・文献とも「1行66字，1ページ30行」)で表示したPDFファイルをお送りください。
　　　　また，分量の公正性を担保するため，本文内，注・文献内で異なるポイント(大きさ)の文字を混在させたり，句読点や括弧を半角にしたりすることを禁止します。
（2）横書きと縦書き
　　　原則として横書きで書いてください。ただし，特に必要があるときは縦書きで書くことができます。その場合は2段組で，1行24字，1段20行とします。
（3）使用文字
　　　できるだけJIS第2水準までの文字だけを使用してください。機種依存文字(○

99

付き数字，半角カタカナなど)や外字はできるかぎり使わないようにしてください。また，本文に太字やゴシック体などは使わないようにしてください。

（4）句読点

日本語横書きの場合，本文の句読点は「，」と「。」を使ってください。

（5）下線

下線は，実線，点線，波線の 3 種類に限ります。

（6）図表

図表はなるべく当該個所に貼りつけてください。貼りつけられないときは，図表を別に用意し，それぞれの図表の挿入個所を明示してください。また図表内の文字は 9pt 以上で作成してください。

（7）ルビ

ルビ(ふりがな)の使用は，必要最小限にしてください。

（8）注と文献の位置

注は原則として各ページの下におき，文献は本文の後に置いてください。

（9）要旨

要旨は，日本語と英語で，結論を中心に書いてください。日本語の要旨は 1 行 40 字で 10 行程度とし，英語の要旨は 1 行 80 字で 10 行程度を目安にしてください。

（10）キーワード

キーワードは，日本語と英語で，それぞれ 3～6 個つけてください。

（11）ネイティブ・チェック

日本語および英語のネイティブ・チェックを著者の責任でかならず行ってください。

7. 採用決定後の原稿の入稿方法

投稿原稿の採用が決定した場合は，指定のスタイルファイルに合わせて入力したものを提出していただきます。編集の都合上，できれば Microsoft Word ファイルを使うようご協力ください。そのほか，日本語用としては，一太郎のファイルも用意しています。また英語用のファイルも用意しています。学会のホームページ(http://www.nihongo-bunpo.org/)の「『日本語文法』投稿要領」から，以下のファイルをダウンロードして使用してください。入手できない場合，および縦書きで入稿する場合は，事務局にお問い合わせください。

日本語横書き用 Word ファイル
日本語横書き用一太郎ファイル
英語用 Word ファイル

英語用一太郎ファイル

なお，指定のスタイルファイルに合わせられない場合や，手書き原稿の場合，特殊文字が多い原稿は，入力・編集のための実費をいただきます(テキストファイルの場合は1～3万円程度，手書き原稿の場合は3～5万円程度かかります)。

8．投稿の締め切り

投稿の締め切りは，毎年4月1日と10月1日とします(郵送の場合，当日必着)。学会誌の刊行は，9月および3月の予定です。

9．投稿について

投稿は原則として本学会ホームページ(http://www.nihongo-bunpo.org/)にアクセスし，マイページより手続きを行ってください。ただし，やむをえぬ場合は郵送も可能です。以下の2点を送付願います。
（1）原稿の正本1部(本文・注・文献のほか，日本語および英語の題目・氏名・所属・要旨・キーワードを含むもの)
（2）原稿の副本1部(郵送の場合は3部)(正本から，氏名・所属のほか，著者が特定できるような部分を除いたもの)
　　＊郵送の場合，上記(1)(2)のファイル及び，応募者情報記入用のExcelファイル(ファイル名info)を本学会ホームページからダウンロードして記入後，プリントアウトしたものとともに電子データを媒体(USBメモリなど)に入れてご送付ください。

新規入会の方へ

入会手続き(会費納入を含む)から確認作業終了まで2週間程度必要です。確認作業が終わらない限り，マイページでの投稿手続きは行えません。早めのご入会手続きをお願いいたします。なお，投稿締切時点で投稿資格が確認できない場合，投稿論文を受理することはいたしかねます。ご理解いただけますようよろしくお願いいたします。

10．問い合わせ先(および原稿を郵送する場合の送付先)

　〒263-8522　千葉県千葉市稲毛区弥生町1-33

　千葉大学教育学部　安部朋世研究室内　日本語文法学会事務局

　nihongo.bunpo.gakkaisi@gmail.com

11．採用・不採用の決定

投稿された原稿は，学会誌委員(学会誌委員会が依頼した学会誌委員以外を含むことがある)3名が査読要領に従って，査読します。著者の氏名は査読者には知らされません。査読者の氏名も著者に知らされません。

査読要領

　査読結果は，採用，修正採用，修正再査読，不採用のいずれかとし，原則として投稿の締め切りから2か月以内に著者に通知します。

　修正採用の場合は，学会誌委員会が著者に，疑問の箇所や修正が必要と考えられる箇所を具体的に指摘し，修正を求めます。

　修正再査読の場合は，学会誌委員会が著者に，疑問の箇所や修正が必要と考えられる箇所を具体的に指摘し，修正を求めます。そのうえで，修正された原稿を再度査読し，採否を判定します。

　不採用の場合は，投稿のときに不採用理由の通知を希望した著者には不採用理由を通知します。

12. 校正

　著者による校正は原則として1回限りとします。校正の際に原稿の訂正を行うことは，学会誌委員会が認めた場合を除き，認められません。

13. 原稿料および抜き刷り

　原稿料は支払われません。抜き刷りが必要な場合は実費で作成できます(1部100円程度かかります)。

14. 著作権

著作権は日本語文法学会に帰属するものとします。また，日本語文法学会は，掲載原稿を電子的な手段で配布する権利を有するものとします。

　著者が掲載原稿を自身の著作物に掲載したり，電子的な手段で公開・配布することは認められます。ただし，学会誌刊行後2年以内の公開はご遠慮ください。なお，学会誌の版面をそのままご公開いただくことはできません。また，その原稿が『日本語文法』に掲載されたものであることを号数などを含めて明示しなければなりません。ご公開の際は，事前に事務局まで公開の場所・方法その他についてお知らせください(公開の場所や方法によっては公開をしていただけない場合があります)。

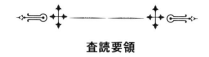

査読要領

1. 査読報告期限

　査読結果報告書が査読報告期限までに学会誌委員長に届くようにお願いします。査

読期間はほぼ1か月とってあります。

2. 査読方針

（1）査読は，学会誌に掲載される論文の質を維持するために行うという面がありますが，同時に，学会の会員は学会誌に論文等を発表する権利を持っていることに十分配慮し，過度に厳しい評価をしないようにご留意ください。

（2）査読は，原稿の欠点を見つけて減点していくのではなく，原稿の長所を積極的に見つけ加点していく方式で行ってください。

（3）原稿に対する責任は執筆者が負うものであり，原稿の評価は読者が行うものだということを念頭に置き，査読者の考えを押しつけたり，過度のアドバイスを行わないようにご注意ください。査読者にとっては従いがたい論であっても，論として成り立っていれば，評価してください。

3. 査読結果報告書の記入方法

（1）評価は，採用，修正採用，修正再査読，不採用から一つを選んでください。あいまいな評価は行わないでください。それぞれの評価は，次のようなことを意味します。

　・採用：そのまま掲載してよい。

　・修正採用：執筆者に1か月程度の期間で修正を行うことを求める。修正された原稿は，学会誌委員会が修正を確認するだけで，再度の査読は行わない。

　・修正再査読：執筆者に1か月程度の期間で修正を行うことを求める。修正された原稿は，再度査読して採否を決める。

　・不採用：1か月程度の期間で修正を行っても，採用される可能性がない。

（2）査読結果報告書の中で，投稿原稿執筆者にそのまま知らせる部分は，査読者が特定できないように，できるだけ一般的な用語・用字を使い，丁寧体の癖のない文体でお書きください。

（3）「積極的に評価すべき点」と「問題点・疑問点」は，学会誌委員会への報告です。簡単な記述でも構いません。

（4）評価が修正採用の場合は，かならず「修正が望ましい点」をお書きください。修正再査読の場合は，かならず「採用のための条件」をお書きください。1か月程度で修正できないような条件はお書きにならないでください。

この部分はそのままコピーして投稿原稿執筆者に通知しますので，具体的にわかりやすくお書きください。ただし，日本語や英語の表現に多くの問題があるときは，一つ一つ指摘する必要はありません。ネイティブ・チェックを受けるように指示するだけで結構です。

査読要領

（5） 評価が採用または修正採用または修正再査読の場合は，「参考意見」を書くことができます。これは，採用の条件ではなく，投稿原稿をよりよくするためのアドバイスです。そのままコピーして投稿原稿執筆者に通知しますので，具体的にわかりやすくお書きください。

（6） 評価が不採用の場合は，かならず「不採用の理由」をお書きください（ただし，「不採用理由通知の希望」が「なし」になっている場合は，記入する必要はありません）。「不採用の理由」は，そのままコピーして投稿原稿執筆者に通知しますので，執筆者が理解可能なことばで，建設的なご意見を具体的にわかりやすくお書きください（たとえば，単に「重要な先行研究を見ていない」と書くのではなく，その先行研究を具体的に示してください）。

（7） 「学会誌委員会への特記事項」は，執筆者には知らせたくないが，学会誌委員会には知らせたいというようなことがあれば，お書きください。

4. 再査読の要領

（1） 初回の査読結果が修正再査読になり，再度提出された原稿は，原則として初回と同一の査読者に査読をお願いします。

（2） 再査読の場合の評価は，採用，修正採用，不採用から一つを選んでください。修正再査読という評価はできません。

（3） 再査読では，初回の査読により投稿原稿執筆者に示された「採用のための条件」を十分考慮した修正がなされているかどうかという観点から評価をしてください。「採用のための条件」に示されなかった新たな観点により不採用という評価を下したり，新たな「採用のための条件」をつけて修正採用という評価をすることはできません。

（4） 執筆者が行った修正が不十分だとして，何回も修正要求を行うことは避けてください。

5. 査読結果報告書の扱い

査読は3名の査読者で行い，採否の最終的な決定は学会誌委員会で行います。最終的な決定がご報告いただいた結果と異なる可能性もありますが，あらかじめご了承ください。

なお，投稿原稿執筆者との連絡は，すべて学会誌委員会が事務局を通して行います。

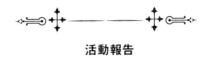

活動報告

〈2017 年度定例総会議事録〉

日時：2017 年 12 月 2 日(土)17 時 25 分～17 時 46 分
場所：筑波大学筑波キャンパス 1H 棟 201

1. 議事に先立ち，川村大氏(東京外国語大学)が議長に選出された。
2. 森山会長より，大会・学会誌・総務の各委員会の活動について報告があった。来年度大会日程について研究発表を土曜に行うことが検討されていること，昨年度の試行に引き続き今大会でも大会アンケート及び研究発表コメントシートが実施されること，今大会懇親会にてラウンドテーブル企画(フリー・トーク・セッション)が実施されること，学会誌の初回査読通過率に関すること，英文の投稿論文テンプレートの不備が修正されたこと，SNS での広報に関すること等が報告された。
3. 森山会長より，次回第 19 回大会の開催予定について，現状の報告があった。
4. 森山会長より，学会賞設置について，経過と決定された内容の報告があった。2016 年度評議員会にて学会賞設置について提案があり，2017 年 5 月に学会賞設置に関する検討委員会を 5 名の評議員により発足，作成された原案を昨日(12 月 1 日(金))運営委員会，本日(12 月 2 日(土))評議員会にて検討したこと，さらに評議員会での審議の結果，若手の研究者の奨励を目的として日本語文法学会論文賞を設置すること，およびその対象者の要件，対象となる業績の範囲，奨励賞選考委員会の構成，授賞決定の手順，表彰の内容等が決定されたこと等が報告された。
5. 安部総務委員長より 2016 年度の決算報告があり，これについて会計監査の橋本修氏より，島田泰子・橋本両氏により予算の適正な執行を確認した旨，報告があった。これを受け，会員より拍手をもって承認された。
6. 安部総務委員長より 2018 年度の予算案が提示され，拍手をもって承認された。

〈評議員会報告〉

日時：2017 年 12 月 2 日(土)10 時 00 分～12 時 24 分
場所：筑波大学筑波キャンパス 1C 棟 302
出席者：森山卓郎会長，井上優副会長他，評議員 16 名，松木正恵学会誌委員長，安

活動報告

部朋世総務委員長，川瀬卓（総務委員）※渋谷委員は 10 時 44 分からの出席。シンポジウム準備のため，天野委員，野田委員は 11 時 30 分に退出。

1.　森山会長より，学会賞の設置について説明がなされた。規程に関する議論を経て，承認された。

2.　安部総務委員長より，2016 年度の収支決算が会計監査島田泰子氏，橋本修氏の監査を受け，承認された旨，報告がなされた。また，2017 年度の財務状況について報告がなされた。あわせて，2018 年度予算案について説明がなされ，承認された。

3.　前田大会委員長より，第 18 回大会の応募・採択状況，第 18 回大会における新たな試み，来年度の大会について報告がなされた。

4.　松木学会誌委員長より『日本語文法』17 巻 2 号が刊行された旨報告がなされた。また，18 巻 1 号刊行に向けた作業の進捗状況についても説明がなされた。加えて，18 巻 2 号の掲載に向けた書評論文の依頼状況について説明がなされた。その他，投稿論文書式，学術倫理問題，編集上の申し合わせについて説明がなされた。

5.　安部総務委員長より会員動向，SNS アカウントを用いた広報活動，学会誌論文投稿システムについて報告がなされた。

6.　森山会長より「言語系学会連合意見交換会」について報告がなされた。

7.　森山会長より次期会長選挙の選挙管理委員について報告がなされた

8.　森山会長より第 19 回大会は立命館大学を会場として開催される予定であることが報告された。

メーリングリストによる会議（2017 年 8 月〜 2018 年 1 月）
配信：評議員会構成員相互間

1.　森山会長より，学会賞設置に関する検討委員会で作成され運営委員会で討議された学会賞設置案について提案がなされ，検討が行われた。

—— ※ —— ※ ——

〈運営委員会報告〉

日時：2017 年 12 月 1 日（金）17 時 00 分〜 19 時 00 分
場所：筑波大学筑波キャンパス　人文社会学系棟 A620
出席者：森山卓郎（会長），前田直子（大会委員長），天野みどり（大会副委員長），松木正恵（学会誌委員長），上山あゆみ（学会誌副委員長），安部朋世（総務委員長），石田尊（総務副委員長），岡部嘉幸（総務副委員長），田中佑（書記，総務委員）

1.　森山会長より，学会賞設置に関する説明がなされ，意見交換を行った。

活動報告

2. 安部総務委員長より，2016 年度会計報告及び 2018 年度予算案について説明があり，承認された。

3. 前田大会委員長より，第 18 回大会の応募状況及び採択状況の報告が行われた。

4. 前田大会委員長より，第 18 回大会における新たな試み（応募締め切りの変更，懇親会企画の実施，研究発表応募書式の変更，招待発表）について報告が行われた。

5. 前田大会委員長より，第 19 回大会からの変更点（研究発表の土曜実施，応募に関する問題点の改善，研究発表要領の作成）に関する報告が行われた。

6. 前田大会委員長より，予稿集現行のリポジトリ化及び PDF による事前配布について説明がなされ，意見交換を行った。

7. 松木学会誌委員長より，『日本語文法』17 巻 2 号刊行の報告と，18 巻 1 号と 18 巻 2 号の進捗状況の報告が行われた。

8. 松木学会誌委員長より，英文用書式の改定について報告が行われた。

9. 松木学会誌委員長より，投稿論文の謝辞記載について説明がなされ，意見交換を行った。

10. 松木学会誌委員長より，『日本語文法』編集上の申し合わせについて報告が行われた。

11. 安部総務委員長より，会員動向についての報告が行われた。

12. 安部総務委員長より，広報活動について報告が行われ，石田副委員長より，その詳細について説明が行われた。

13. 安部総務委員長より，学会誌論文投稿システムに関する検討について報告が行われた。

14. 安部総務委員長より，来年度の会長選挙についての報告が行われた。

15. 森山会長より，言語系学会連合第 7 回意見交換会に関する報告が行われた。

メーリングリストによる会議（2017 年 8 月〜 2018 年 1 月）
配信：運営委員相互間

1. 石田総務副委員長（広報担当）より，web サイトへの査読者一覧と採択率の掲載の方法について提案がなされ，承認された。

2. 森山会長より，学会賞設置に関する検討委員会で作成された案について提案がなされ，承認された。

3. 前田大会委員長より，ノートテイクと予稿集事前送付に関して説明がなされ，対応について協議を行った。

4. 前田大会委員長より，予稿集のリポジトリ登録と web 公開に関する大会委員会の議論の結果が報告され，12 月 1 日運営委員会で諮られることとなった。

活動報告

——— ※ ——— ——— ※ ———

〈大会委員会報告〉

日時：2017 年 12 月 3 日(日)12 時 10 分〜 13 時 10 分
場所：筑波大学筑波キャンパス 1C 棟 304
出席者：前田直子(委員長)，天野みどり(副委員長)，仁科明(副委員長)，青木博史，
　岡﨑友子，今野弘章，志波彩子，舩木礼子，三宅知宏

1.　第 18 回大会の運営について検討した。大会アンケート，研究発表コメントシー
　　ト，ノートテイカーの入る会場について，確認した。
2.　前日の懇親会で行った大会委員企画について意見交換を行った。
3.　前大会応募時の会員マイページのフォーマット整備について議論し，今後，事務
　　局と協議・対応することを決定した。
4.　現在「予稿集原稿作成要領」(採用者のみに送付)に記載されている注意事項を「大
　　会発表要領」として公開する。
5.　次回大会および次々回大会の企画について議論した。

メーリングリストによる会議(2017 年 12 月〜 2018 年 2 月)

配信：大会委員相互間
1.　第 18 回大会の反省，および次会大会に向けた検討事項に関して議論した。
2.　次回大会のシンポジウム企画，招待発表，大会委員会企画について検討を開始し
　　た。

——— ※ ——— ——— ※ ———

〈学会誌委員会報告〉

日時：2017 年 12 月 3 日(日)12 時 10 分〜 13 時 08 分
場所：筑波大学筑波キャンパス 1C 棟 302
出席者：安達太郎，阿部二郎，上山あゆみ(副委員長)，大木一夫，小田勝(副委員長)，
　尾谷昌則，片岡喜代子，高山善行，田和真紀子，丹羽哲也，松木正恵(委員長)，丸
　山岳彦，三井正孝，山﨑誠，渡辺文生，川瀬卓(学会誌担当総務委員として陪席)
【報告事項】
1.　17 巻 2 号の刊行について

2. 18巻1号編集状況について
3. 学会賞について

【審議事項】

1. 投稿論文英文用書式の修正，投稿論文の謝辞記載について議論を行った。

メーリングリストによる会議(2017年9月～2018年2月)

配信：学会誌委員相互間(川瀬卓学会誌担当総務委員が陪席)

1. 18巻1号への投稿論文18編(不受理1編は含まず)について査読を行い，採否の判定を行った。初回査読・再査読を経て審議の結果，1編の採択を決定した(投稿論文の採択率は5.6%)。なお，査読に際して，山下喜代氏に外部査読者として協力を仰いだ。ここに記して改めて感謝の意を表します。
2. 18巻1号に掲載する書評論文4編について審査を行い，掲載を決定した。
3. 18巻2号に掲載予定の書評論文について，書評論文原案作成小委員会の提案を委員会として承認した。そのうえで，提案のあった評者に，優先順位に従い書評論文の作成を依頼し，受諾された。
4. 後期の書評論文原案作成小委員会(高山善行委員長)を新たに発足させた。
5. 19巻1号に掲載する展望論文のコーディネーターを決定した。

―― ※ ―― ―― ※ ――

〈総務委員会報告〉

メーリングリストによる会議(2017年8月～2018年1月)

配信：総務委員相互間

1. 石田総務副委員長(広報担当)より，Web投稿システム開始に関するTwitterでの告知について提案がなされ，承認された。
2. 第18回大会の準備に関する情報共有と打合せ等を行った。

第 19 回大会のお知らせと研究発表の募集

　日本語文法学会第 19 回大会を下記のように開催します。＜研究発表＞と＜パネルセッション＞について発表を募集しますので，奮ってご応募ください。

日時：2018 年 12 月 15 日（土）・16 日（日）（予定）
会場：立命館大学衣笠キャンパス（http://www.ritsumei.ac.jp/accessmap/kinugasa/）

　なお，第 19 回大会は，土曜日に研究発表，日曜日にパネルセッション（午前）・シンポジウム（午後）というプログラムに変更される可能性がありますので，応募の際にはご注意ください。詳細については学会ホームページを御覧ください。

研究発表の募集
〇応募要領
1. 締切：2018 年 8 月 25 日（土）
2. 応募方法：学会ホームページ（http://www.nihongo-bunpo.org/）の「会員マイページ」よりご応募ください。
3. 提出書類：「申し込み書」（ウェブ上で入力）と「発表要旨」（次項，ウェブ上で送信）をご提出いただきます。
4. 「発表要旨」は，参考文献一覧を含めて合計 2,000 字以内かつ A4 用紙 2 枚以内（体裁は問いません）で読みやすくまとめてください。**発表要旨には，応募者の氏名や所属などの個人情報を含めないようにご注意ください。**本文においても，応募者が誰であるのかが特定できるような書き方（たとえば「拙論」として具体的な論文名を掲げるなど）を避けてください。
5. 受付確認：ご応募いただいたあと，2 日以内に受付確認のメールを差し上げます。この期間内に確認のメールが届かない場合には，事務局（nihongo.bunpo.daihyo@gmail.com）宛にご連絡ください。

〇研究発表に関する規定
1. 発表時間は 40 分（発表 25 分，質疑 15 分）です。
2. 発表者は，日本語文法学会の会員であること（複数の研究者による共同発表の場合は，少なくとも筆頭発表者（代表者）が会員であること）が必要です。応募の時点までに入会，会費納入の手続きをしてくださるようお願いいたします。なお，会費納入の確認には 2 週間程度かかります。納入が確認された時点より応募が可

能となりますので，余裕をもって手続きをお済ませください。

3. 1つの大会で研究発表の筆頭発表者及びパネルセッションの代表者として応募できる上限は，研究発表の筆頭発表者として1件，パネルセッションの代表者として1件，両者あわせて2件までです。

4. 発表内容は，学会（他の学会も含む）・学術誌等において発表されていないオリジナルな内容に限ります。他の学会・学術誌等の発表に応募（あるいは論文を投稿）している人が同様の内容で，同じ時期に並行して本学会の大会発表に応募することはできません。

5. 応募時の**発表要旨に盛り込むべき内容**は以下の通りです。採択された場合，原則として変更できません。

  (1) 発表題目

  (2) 要旨本文：次の3点に留意し，自分の記述・分析・主張，およびその独自性を簡潔明瞭に説明してください。

    a. 主張したい内容のあらまし（「とりあげるテーマ」を漠然と掲げるのではなく，それに関する〈主張の内容〉が分かるように書いてください。たとえば，単に「ハとガの違いについて考察する」というのではなく，「ハは……という性質をもち，ガは……という性質をもつ」というように。また，「残った問題は大会当日までに解決するつもりだ」といった書き方は認められません。）

    b. 論証の概略（具体的な例文をあげ，論旨が明快に伝わるように書いてください。）

    c. 学術的な意義・独自性（同様のテーマを扱った先行研究を十分に調べ，自身のオリジナリティを確認した上で応募してください。部分的にでも先行研究と同趣旨のことを述べる場合は，発表要旨で適正に言及してください。）

  (3) 参考文献（発表に必要なものに限り，コンパクトに示してください。）

6. **発表要旨には，応募者の氏名や所属などの個人情報を含めないようにご注意ください。** 本文においても，応募者が誰であるのかが特定できるような書き方（たとえば「拙論」として具体的な論文名を掲げるなど）を避けてください。

○採否の決定について

1. 採否は大会委員会で決定し，応募者には9月10日（月）前後に電子メールでお知らせします。

2. 採択の場合，10月10日（水）までに『大会発表予稿集』の原稿（A4×8枚以内）を提出していただきます。採択通知時に「発表原稿作成要領」をお送りします。

第 19 回大会のお知らせと研究発表の募集

3. 採択された場合には，急病等不可抗力の場合を除き，必ず発表していただきます。発表予定の日に他の所用を不用意に入れるなどしないようにしてください。

パネルセッションの募集

　　＜パネルセッション＞とは，特定テーマの研究グループが複数の発表を行うもので，異なるテーマのパネルセッションを複数会場で並行して行います。＜シンポジウム＞が学会企画の催しであるのに対して，＜パネルセッション＞は会員が自由にテーマを設定し発表者グループを組織するもので，既に馴染みのあるテーマを論じるだけでなく，まだ広く認知されていない新しい分野やパイロット的な内容を紹介し検討することもできます。人選，発表の手順，各発表とディスカッションの時間配分など，与えられた時間内の運営がすべて企画者に任せられていますから，研究の目的や内容にあわせた自由な企画を立てることができます。研究者（研究者グループ）が注目してほしい分野を公にアピールする機会として活用し，学会の活性化と充実に繋がることを期待しています。

○応募要領

1. 締切：2018 年 8 月 5 日（日）

2. 応募方法：学会ホームページ（http://www.nihongo-bunpo.org/）の「会員マイページ」よりご応募ください。

3. 提出書類：代表者に「申し込み書」（ウェブ上で入力）と「趣意書」（別項，ウェブ上で送信）をご提出いただきます。

4. 受付確認：ご応募いただいたあと，2 日以内に受付確認のメールを差し上げます。この期間内に確認のメールが届かない場合には，事務局（nihongo.bunpo.daihyo@gmail.com）宛にご連絡ください。

○パネルセッションに関する規定

1. 1つのセッションは 100 分です。（これまでより 20 分短くなりますので，ご注意ください。）

2. 1つのセッションの発表者は 3〜4 名とします。司会者は，その中に含めても含めなくてもかまいませんが，指定討論者を立てる場合は含めてください。

3. 代表者は，応募の時点で日本語文法学会の会員であることが必要です。非会員を発表者に含める場合は，発表者全体で会員が 60％ 以上となるようにしてください。上記の会員に該当する方は，応募の時点までに入会，会費納入の手続きをしてくださるようお願いいたします。なお，会費納入の確認には 2 週間程度かかります。納入が確認された時点より応募が可能となりますので，余裕をもって手続きをお済ませください。

112

4. 1つの大会で研究発表の筆頭発表者及びパネルセッションの代表者として応募できる上限は，研究発表の筆頭発表者として1件，パネルセッションの代表者として1件，両者あわせて2件までです。
5. 発表内容は，学会(他の学会も含む)・学術誌等において発表されていないオリジナルな内容に限ります。
6. 「趣意書」には以下の内容をまとめてください(採択された場合，原則として変更できません)。
   a. パネル全体の題目
   b. 司会者，発表者構成
   c. パネル全体の趣旨(学術的な意義や独自性，発表者相互の内容的な繋がりなどが分かるように，1,000〜1,200字程度で)
   d. 各発表の題目と要旨(1つの発表につき，800字程度)

○採否の決定について
1. 採否は大会委員会で決定し，代表者には8月20日前後に電子メールでお知らせします。
2. 採択の場合，9月20日(水)までに『大会発表予稿集』のための原稿(1つのセッションにつき合計A4×30枚以内。枚数の枠内で，発表者ごとのページ配分をしてください)を提出していただきます。採択通知時に「発表原稿作成要領」をお送りします。

事務局からのお知らせ

◆会費と会員資格について

　日本語文法学会は，単年度会員制ですので，当該年度の会費納入者が会員となります。ただし，継続会員は，8月末日までは，会員資格を有するものとして，事務取り扱いをいたします(前年度の会費が納入されていない方は，学会未加入者と同じ扱いになります)。

　8月末日以降は，会費未納入の継続会員は，会費が納入されるまで，会員資格が停止されます。翌年2月末日までに会費が納入されない場合は，会員資格を喪失し，以降は，新入会と同様の扱いになります。

　翌年3月1日以降に納入された会費は，翌年度分の会費として処理します。また，

事務局からのお知らせ

会費は，さかのぼって納入することはできません。

・大会の発表申し込みについて

　研究発表・パネルセッションへの応募は，応募時点で会員であることが条件になります。なお，会費納入の確認には通常，振り込みから2週間程度かかりますので，ご注意ください。

・論文の投稿について

　学会誌への投稿は，投稿時点で会員であることが条件になります。なお，会費納入の確認には通常，振り込みから2週間程度かかりますので，ご注意ください。

・会員総会での発言について

　会員総会での発言は，会員資格が有効な方に限られます（大会当日は，会費の納入業務はいたしておりません）。

・評議員選挙の選挙権について

　選挙権につきましては，［評議員選出に関する細則］（2015年11月14日改訂）の6.の規定に拠ります。

・学会誌の送付について

　8月末までに会費を納入された会員には，当該年度の9月刊行号・3月刊行号をそれぞれ刊行時に送付します。9月1日以降翌年2月末日までに会費を納入された会員には，9月刊行号を，3月刊行号の発送時にあわせて送付します。3月1日以降の会費は翌年度分として処理されますので，当該年度の学会誌は送付されません。別途，市販分をご購入ください。

・その他

　会費未納の継続会員にも，当該年度内は，e-mailで，大会の開催案内や会費納入のお知らせ等はお送りします。

◆住所変更に関するお願い

　住所変更や会員種別の変化等，登録情報に変更があった場合，ご自身で学会ホームページから変更を行ってください。学会ホームページにアクセスできない場合は，事務局にお問い合わせください。

◆前年度会費と『日本語文法』バックナンバーについて

　会費払い込み期限（2月末日まで）を過ぎて前年度の会費を納入することはできませ

事務局からのお知らせ

ん。会費未納で送付されなかった『日本語文法』のバックナンバーは，くろしお出版から，市販分をご購入ください(学会からは販売しておりません)。

　なお，年度途中に入会された場合は，その年度に発行された学会誌は配布されますので，ご注意ください(9月以降に入会された場合，9月末刊行の号は3月末刊行の号にあわせて発送されます)。

◆これまでの『大会発表予稿集』の販売について

　第13回〜第18回大会の大会発表予稿集の残部を2,000円(送料，手数料別)で販売しております。送料・手数料は，2部まで500円です(3部以上の場合，発送時に金額をお知らせいたします)。ご希望の方は，学会事務局までe-mailでお申し込みになるか，郵便で事務局まで，氏名，住所，郵便番号，ご希望の大会と部数をお知らせください。なお，発送作業の都合上，お申し込みがある程度まとまった段階で発送致しますので，ご了承ください。

編集後記

　18巻1号をお届けします。今期の学会誌委員会が担当した4冊目の『日本語文法』ですが，これまで担当した号と比べて，論文掲載本数が少ないものになってしまいました。今号には投稿論文が19本（うち1本は形式不備のため不受理）寄せられましたが，初回査読で修正再査読と判定された論文は3本（初回査読通過率16.7%），うち再査読で採用となった論文はわずか1本にとどまりました（採択率5.6%）。そのため，17巻2号投稿分で次号掲載となった1本を入れて投稿論文2本，それに書評論文4本の計6本の掲載となっています。学会誌は投稿数も採択率もその都度変動するため，巻号によって頁数が異なるものですが，本誌はくろしお出版から市販していることもあり，一定の頁数を確保できるよう苦心してきたつもりです。しかし今回は力及ばず，このような結果となってしまいましたこと，ひとえに学会誌委員長の責任ですので，今後このようなことのないよう配慮したいと思います。（松木記）

日本語文法　18巻1号

発行日	2018 年 3 月 31 日
編集・発行	日本語文法学会
事務局	〒263-8522　千葉県千葉市稲毛区弥生町 1-33
	千葉大学教育学部（安部朋世研究室内）
	日本語文法学会事務局
	http://www.nihongo-bunpo.org/
	E-mail: nihongo.bunpo.daihyo@gmail.com
発売	株式会社　くろしお出版
	〒113-0033 東京都文京区本郷 3-21-10
	tel 03-5684-3389　fax 03-5684-4762
	http://www.9640.jp
	E-mail: kurosio@9640.jp
	装丁協力：庄子結香　印刷：シナノ書籍印刷

© Nihongo Bunpoo Gakkai 2018, Printed in Japan

ISBN978-4-87424-761-7 C3381　　〈通巻 34 号〉

●乱丁・落丁はおとりかえいたします。本書の無断転載・複製を禁じます。

出版のご案内　2018年3月

《"目の付け所"がわかる全30講》

読解のための古典文法教室
小田 勝　本文264頁・別冊36頁予定

286の例題と解説で学ぶ、新しい古典文法の教科書。＊内容見本をHPにて公開。
★同時に学べる！
①現代語と対照した文法のしくみ
②古典文を正確に読むための解釈文法に対応。
★別冊・例題文現代語訳付。自主学習に対応。

新刊 定価2200円（税込）

《古語辞典の一歩先を行く便利さ。欲しい情報が手に入る！》

実例詳解 古典文法総覧
小田 勝

英文法書と同様の古典文法書の形式で記述した、最大規模の古典文法書である。一般的な文法用語を用い、通言語的に古典文法の詳細を知ることができる。332作品から実例を掲示した。文法研究はもちろん古文解釈辞典としても使える。

定価8640円（税込）

《本書の増改築工事をリアルタイムで》
＊『補遺稿』をHPにて好評連載中。
毎月1・15日に更新。

《読む》《訓む》ための道しるべ》

古代日本語をよむ
奥村悦三

文字をもたなかった日本人が、ことばを書き始めたときどういうことが起きたかについての包括的な入門書であり研究書。

定価3456円（税込）

《上代文字資料を中心とした国語学的研究の集大成》

木簡と宣命の国語学的研究
小谷博泰著作集　第一巻

上代文献の読解と文章史の考察に木簡研究を援用。著作集刊行にあたり、研究論文を増補し、各巻末には著者名索引・事項索引を付した。

新刊 定価12960円（税込）

《『枕草子』や古代和歌の語法・文法を探究》

古代文学言語の研究
糸井通浩

平安王朝の主な散文学・韻文学を対象にして、古代の語法・文法、特に時の助動詞を中心にそれぞれの本義を追究。

新刊 定価14040円（税込）

《古代地名を文字・表記の面から考察》

古代地名の国語学的研究
蜂矢真郷

平安中期初めの和名抄・廿巻本に見える地名を中心に、風土記などの地名を合わせて考察。

定価11340円（税込）

《虚構の出来事を「語り」「語り手」》

「語り」言説の研究
糸井通浩

古代の物語・近現代の小説など、語り手が語る文学作品は、如何に語られているか。「語り」の言説—表現機構—を探究。

新刊 定価12960円（税込）

《振り仮名は、なぜ付されたのか》

近世初期俳諧の表記に関する研究
田中巳榮子

未開拓の俳諧の表記を、振り仮名、特殊な用字、音象徴語、仮名遣、節用集との比較等、表記の実態を論究。

新刊 定価10800円（税込）

《季語で再発見！日本語の面白さ・奥深さ》

季語の博物誌
工藤力男

季語をめぐって江戸時代から昭和期までの名句を味わい、日本語について楽しく学ぶ366日。

定価1728円（税込）

和漢古典植物名精解
木下武司

古典文学に登場する植物を文献学的・科学的観点の両面から解明。索引付。

定価19440円（税込）

井手至博士追悼
萬葉語文研究特別集
萬葉語学文学研究会編

形式語研究の現在
藤田保幸・山崎誠編

近刊 価未定

言語文化の中世
藤田保幸編

近刊 価未定

国語語彙史の研究 三十七
国語語彙史研究会編
〈特集〉文法と語彙

近刊 価未定

〒543-0037 大阪市天王寺区上之宮町7-6
☎06(6771)1467　FAX06(6771)1508
http://www.izumipb.co.jp

◆「いずみ通信」「総合図書目録2016」呈上
E-mail：izumisyo@silver.ocn.ne.jp
振替00970-8-15043

にほんごのテキストといえば スリーエーネットワーク
http://www.3anet.co.jp/

日本語教師のための 入門言語学 －演習と解説－

原沢伊都夫◎著

A5判　245頁、別冊(解答と解説)47頁　本体1,800円＋税

日本語を教えるにあたって、日本語教師には「言語学」の知識が必要になります。「言語学」は日本語教育能力検定試験の出題範囲にも含まれ、中でもとりわけ難しい分野だと言われています。本書では、"難しい"とされる言語学の理論を、身近な日本語を例に"やさしく"解説します。
読んで知識を詰め込むだけの参考書とは異なり、「解説を読む」→「問題を解く」→「答えと説明を確認する」ことの繰り返しを通して、理解を深めていく構成になっています。

考えて、解いて、学ぶ 日本語教育の文法

原沢伊都夫◎著

B5判　180頁、別冊(解答と解説)64頁　本体1,600円＋税

日本語を教えるための基礎となる文法知識を身につけることを目指した書籍です。難しい用語や規則の暗記に終始するのではなく、母語話者としての日本語力を活用して多くの問題を解き、その過程を通して、日本語のさまざまな文法事項について自ら考える体験を積み重ねていきます。学校で学んだ「国語文法」と日本語教育のための文法の違いにも触れています。これから日本語教育を目指す方や日本語文法をもう一度復習したい方などにお薦めします。

中間言語語用論概論
第二言語学習者の語用論的能力の使用・習得・教育

清水崇文◎著

A5判　342頁　本体2,000円＋税

外国語でコミュニケーションを成功させる上で重要な、実際に言葉を使う状況や場面、相手との人間関係などに照らして適切な言い方で話せる能力に関する「中間言語語用論」について研究成果をまとめ、教育への応用の仕方を提示しています。
言語学、応用言語学、英語教育、日本語教育、異文化コミュニケーションなどに関わる分野を専攻する学生・大学院生、英語教育や日本語教育などに携わる方々にお勧めの一冊です。

スリーエーネットワーク

〒102-0083 東京都千代田区麹町3丁目4番
トラスティ麹町ビル2F
TEL : 03-5275-2722　FAX : 03-5275-2729

新刊！

ココが面白い！ 日本語学

岡﨑友子・堤良一・松丸真大・岩田美穂 編
ISBN 978-4-904595-90-9　定価 1,600 円＋税

（ほぼ）若手研究者たちによる新しいタイプの日本語学の教科書。歴史、方言、現代語をバランスよく収録し、日本語学で必要なトピックを、面白く解説する。全 15 章の構成で、各章にタスクが付いているので、半期または 1 年の講義のテキストに最適の一冊！「学生がなかなか興味を持ってくれない……」とお悩みの方にオススメ！

日本語／日本語教育研究 [8] 2017

日本語／日本語教育研究会 編
ISBN 978-4-904595-82-4　定価 3,200 円＋税

2009 年に発足した「日本語／日本語教育研究会」によるレフリー付き研究会誌。第 8 号の巻頭論文は、佐藤琢三氏が執筆。研究会への入会方法、投稿の詳細については、研究会のホームページを参照のこと。

日本語／日本語教育研究会 HP
http://www.cocopb.com/NichiNichi/nichinichi.html

日本語教育学の新潮流 9
文脈をえがく
運用力につながる文法記述の理念と方法

太田陽子 著
ISBN 978-4-904595-47-3　定価 3,600 円＋税

本書は、近年、注目を浴び、盛んに議論されている「日本語教育文法」についての検証を行い、コミュニケーション能力育成に資する文法記述のあり方を探るものである。モダリティ表現の「ハズダ」を例に、これまでの文法説明や文型指導に欠けていた「文脈」という観点の重要性を示し、教育に役立つ文法記述の方法を提案する。

日本語と韓国語における可能表現
可能形式を文末述語とする表現を中心に

高恩淑 著
ISBN 978-4-904595-55-8　定価 3,600 円＋税

日本語の可能表現研究に残された課題である「動詞の意志性」と可能形式との関わりについて考察し、可能動詞を文末述語とする可能表現の意味・構文的な類型を明らかにしたうえで、これまでの韓国語研究においては明示されていない韓国語の可能表現について考察。日本語と韓国語の可能表現における述語形式を対照し、両言語の「ずれ」を示すことで、日韓対照言語学に新たな知見を提示する。

日本語教育学の新潮流 12
接触場面における母語話者のコミュニケーション方略
情報やりとり方略の学習に着目して

柳田直美著　ISBN 978-4-904595-58-9　定価 3,600 円＋税

従来の接触場面研究の多くは、非母語話者の日本語習得に主眼が置かれたものであった。本書は、母語話者側の言語的調節に焦点を当て、その実態を明らかにする。さらに、非母語話者との情報やりとりに使用される母語話者の言語的調節の学習モデルを構築し、母語話者に対する非母語話者とのコミュニケーション支援のあり方を提示する。

大学生のための表現力トレーニング
あしか
アイデアをもって社会について考える
（レポート・論文編）

宇野聖子・藤浦五月 著
ISBN 978-4-904595-83-1　定価 1,600 円＋税

日本語教育学研究 7
接触場面の言語学
母語話者・非母語話者から多言語話者へ

村岡英裕　サウクエン・ファン　高民定 編
ISBN 978-4-904595-84-8　定価 3,600 円＋税

株式会社ココ出版
〒162-0828　東京都新宿区袋町 25-30-107　tel & fax 03-3269-5438　www.cocopb.com

「日本語らしさ」の文法

●近藤安月子〔著〕
A5判 並製 300頁 定価(本体2,800円＋税) ISBN 978-4-327-38477-7

「日本語らしさ」が成立するしくみを鮮やかに解説

「日本語らしさ」が成立するしくみを、現在までの代表的な業績を踏まえて明快に解き明かす。語順・語構成・主題と説明・事態把握という4つの観点から日本語文法の全体像を、これまでの解明が難しかった「日本語らしさ」を成立させる文法的な条件とともに描き、〈共同注意〉と〈見え〉という新たな視点を導入することで、一貫した立場からの解説をスリリングに展開していく。

「日本語らしさ」の謎にせまる渾身の文法論

[目　次]
- 第1章　はじめに：日本語を考える4つの視点
- 第2章　日本語のしくみ：膠着語と語順
- 第3章　文の成り立ち：述語と格
- 第4章　コトの描写の原点としての〈私〉：主観的把握再び
- 第5章　文のしくみ1：ヴォイスと格
- 第6章　文のしくみ2：ヴォイスとしての授受動詞文
- 第7章　文のしくみ3：テンスとアスペクト
- 第8章　文のしくみ4：変化と移動
- 第9章　文のしくみ5：主題化と焦点化
- 第10章　モダリティ1：話し手のコトの捉え方と心的態度
- 第11章　モダリティ2：聞き手の存在を前提とする話し手の態度
- 第12章　複文のしくみ
- 第13章　談話の結束性
- 第14章　待遇表現：人間関係の標識
- 第15章　おわりに

注釈
参考文献／索引

自然な敬語が基本から身につく本
基本の基本から敬語をわかりやすくレクチャー

●髙橋圭子〔著〕
四六判 並製 176頁
定価(本体1,400円＋税)
ISBN 978-4-327-38473-9

「です・ます」の使い方など、敬語の初歩の初歩から段階を踏んでわかりやすくレクチャーする入門書。「イマドキの敬語」にも配慮し、就活にも役立つ。

金水 敏〔編〕
〈役割語〉小辞典

日本語の世界は〈役割語〉がいっぱい！

役割語の簡単な語義、成り立ちや意味の変遷を説明し、役割語としての使用場や使用キャラクター（お嬢様、博士、武士など）を例示。主にマンガから図版を約40点掲載。

四六判 並製 270頁 定価(本体2,000円＋税)
ISBN 978-4-7674-9113-4

漢字の使い分けときあかし辞典

◆円満字二郎〔著〕　四六判 並製 608頁 定価(本体2,300円＋税) ISBN 978-4-7674-3478-0

どの漢字を使うか迷ったときに役に立つ！

「利く」と「効く」、「越える」と「超える」など、同じ訓読みをする漢字の使い分けを読みものふうに説明。各項目に理解を助ける図表を掲載。

漢字ときあかし辞典
四六判 並製 688頁 定価(本体2,300円＋税)
ISBN 978-4-7674-3471-1

部首ときあかし辞典
四六判 並製 416頁 定価(本体2,000円＋税)
ISBN 978-4-7674-3475-7

研究社　〒102-8152　東京都千代田区富士見2-11-3
☎03 (3288) 7777　FAX 03 (3288) 7799（営業）
http://www.kenkyusha.co.jp

研究社のオンライン辞書検索サービス
http://kod.kenkyusha.co.jp
Kenkyusha Online Dictionary **KOD**

**わが国の言語学研究史ならびに出版文化史に深くその名を刻む、
比類なき言語および言語学の百科全書。**

言語学大辞典 全6巻 別巻1

別巻　世界文字辞典　48,000円+税
河野六郎・千野栄一・西田龍雄 [編著]

亀井 孝・河野六郎・千野栄一 [編著]

第1巻 世界言語編（上）　　　48,000円+税
第2巻 世界言語編（中）　　　48,000円+税
第3巻 世界言語編（下-1）　　40,000円+税
第4巻 世界言語編（下-2）　　40,000円+税
第5巻 補遺・言語名索引編　　38,000円+税
第6巻 術語編　　　　　　　　48,000円+税

明解言語学辞典

斎藤純男・田口善久・西村義樹 [編]
B6判　288頁　2,200円+税

言語学の広い分野を統合整理し、近年急速に研究が進んだ新しい概念も取り込んだ、初学者から研究者まで使える辞典。総項目数は約330。引きやすい、読みやすいレイアウトで、関連項目を見つけやすい、便利な「目次索引」・「英日対照表」付き。

日本語「形成」論
日本語史における系統と混合

崎山理 [著]　A5判　304頁　4,300円+税

日本語はどのように生まれたのか。南北の言語が日本列島にて混合したとする「形成」論の立場からその起源に迫る。オーストロネシア語研究の泰斗が個別の語彙の意味変化もふまえ実証的に論考した、渾身の書。

「のだ」の文とその仲間・続編
文構造に即して考える

山口佳也 [著]　A5判　352頁　7,800円+税

日本語の中には、構文論的におや？と思わせる事象が少なくない。本書は、そんな謎の数々に取り組んだ論文集である。その内容は、日本語文法に関して、いつか誰かがどこかで指摘しておかなければならない基本的な事実ばかりである。

三省堂　〒101-8371 東京都千代田区神田三崎町2-22-14　☎03(3230)9411〈編集〉・9412〈営業〉
http://www.sanseido.co.jp/　＊表示価格は本体価格

ひつじ書房

限界芸術「面白い話」による音声言語・オラリティの研究

定延利之編　定価8800円＋税

替え歌や落書きのような、素人による素人のための「芸術」を、哲学者・鶴見俊輔氏は「限界芸術」と呼んだ。だとすれば、職場や学校で「最近なんか面白い話ない？」「イヤそれがさぁ〜」と始まる「面白い話」も立派な限界芸術である。私たちはこの8年間、「面白い話」のコンテストを開いては、出品されたビデオ群をネットで公開してきた。音声言語やオラリティの研究のためである。では実際どう使えるか？　最初の試みがここにある。

小笠原諸島の混合言語の歴史と構造
日本元来の多文化共生社会で起きた言語接触

ダニエル・ロング著　定価8000円＋税

東京都の小笠原諸島には180年以上前から多数の言語を話す人々が暮らしており、2世紀近くにわたってさまざまな言語接触が積み重なった結果、現代使われる「小笠原混合言語」が形成された。本書は、その構造をピジンやクレオールとの違いから分析しつつ、21世紀の日本が直面している「多文化共生」や「複言語」の状況を小笠原の欧米系島民がどのようにして乗り越えてきたかを解説する社会言語学の歴史的研究である。

相互行為における指示表現
須賀あゆみ著　定価6400円＋税

多人数会話におけるジェスチャーの同期
「同じ」を目指そうとするやりとりの会話分析
城綾実著　定価5800円＋税

日本語語彙的複合動詞の意味と体系
コンストラクション形態論とフレーム意味論
陳奕廷・松本曜著　定価8500円＋税

現代日本語の視点の研究
体系化と精緻化
古賀悠太郎著　定価6400円＋税

国語科教育に求められるヴィジュアル・リテラシーの探究
奥泉香著　定価5300円＋税

時間の流れと文章の組み立て
林言語学の再解釈
庵功雄・石黒圭・丸山岳彦編
定価6400円＋税

Rhetorical Questions
A Relevance-Theoretic Approach to Interrogative Utterances in English and Japanese
後藤リサ著　定価10000円＋税

A Comparative Study of Compound Words
向井真樹子著　定価13000円＋税

Grammatical Variation of Pronouns in Nineteenth-Century English Novels
中山匡美著　定価12000円＋税

I mean as a Marker of Intersubjective Adjustment
A Cognitive Linguistic Approach
小林隆著　定価8500円＋税

ひつじ書房

■ひつじ書房の刊行案内や特別セールなどのお知らせは「ひつじメール通信」から配信しております。
ご希望の方はtoiawase@hituzi.co.jpまでメールでご連絡ください。
〒112-0011　東京都文京区千石2-1-2大和ビル2F　株式会社ひつじ書房
TEL 03-5319-4916　FAX 03-5319-4917　toiawase@hituzi.co.jp　http://www.hituzi.co.jp/

ひつじ書房

遂に完成！
関西弁の歴史、地理、位相、施策…、関西弁の全容を
知ることができる史上初の事典。

関西弁事典

真田信治監修
編集委員：岸江信介・高木千恵・都染直也・
鳥谷善史・中井精一・西尾純二・松丸真大
定価6200円＋税　516頁　2018.3刊行

関西弁を対象にしたエッセイや社交用語ガイドの類は他方言に比べて圧倒的に多い。しかしながら、その全容を示す総合的な解説書、また本格的な「事典」はいまだ存在していない。本書はそのような渇望を満たすべく編纂したものである。関西弁の歴史、関西弁の地理、関西弁の位相、関西弁の変容、関西弁施策などに関して、学術的な記述を含みつつ、関西のことばに関心のある人なら誰もが手軽に利用できるよう、平易な説明を心がけた。

真田信治著作選集　シリーズ日本語の動態　全4巻　**刊行開始！**

第1巻

標準語史と方言

真田信治著　定価1800円＋税

近代日本語における標準語の成立過程、それをめぐる地域社会での葛藤、標準への〈集中〉と〈逸脱〉といった2つのベクトルの交錯の様相について、著者の既発表の論稿をセレクトし集成。いずれも国語教育、日本語教育に当たって基本的に踏まえておくべき内容である。教育、研究に携わる人だけでなく、一般の方々に是非とも読んでいただきたい。

以降続刊：第2巻 地域・ことばの生態、第3巻 アジア太平洋の日本語、
第4巻 ことばの習得と意識

 ひつじ書房
■ひつじ書房の刊行案内や特別セールなどのお知らせは「ひつじメール通信」から配信しております。
ご希望の方はtoiawase@hituzi.co.jpまでメールでご連絡ください。
〒112-0011　東京都文京区千石2-1-2大和ビル2F　株式会社ひつじ書房
TEL 03-5319-4916　FAX 03-5319-4917　toiawase@hituzi.co.jp　http://www.hituzi.co.jp/

くろしお出版　近刊・新刊のご案内

シリーズ記述文法1
南琉球宮古語伊良部島方言
● 下地理則［著］　● 定価 5,400 円＋税

南琉球宮古語伊良部島方言を、音韻から品詞、構文に至るまで体系的に記述した文法書。この方言が有している魅力に満ちた言語現象に内的一貫性を持たせた説明を加えている。言語学の面白さを伝える、全ての人にお勧めの一冊。

日本語条件文の諸相
地理的変異と歴史的変遷
● 有田節子［編］　● 定価 3,700 円＋税

本書は日本語の条件表現について、「認識的条件文」という条件文の下位カテゴリーを鍵概念として古代日本語や諸方言とともに考察する。条件表現を表す形式の変遷や変異を、時制節性や断定辞、準体形式などと絡めて議論する。

構文の意味と拡がり
● 天野みどり・早瀬尚子［編］
● 定価 3,700 円＋税

言語学の中心的課題であり続ける「構文」。本書はこの課題について、各執筆者が設定する構文の定義に続き、その意味と拡張について論じる。日本語学・英語学・言語学が協同で、文法論から語用論に跨る研究課題を扱う意欲的な論文集。

語彙論的統語論の新展開
● 森山卓郎・三宅知宏［編］
● 定価 4,200 円＋税

「語彙的な意味をふまえた文法記述」を基盤とし、様々な次元での「意味」の在り方に焦点を当て、文法研究の新たな展開を模索する。仁田義雄「包括的・明示的な文法記述を求めて─私の見果てぬ夢─」ほか、17編を収録。

日本語教育に役立つ心理学入門
● 小林明子・福田倫子・向山陽子・鈴木伸子［著］
● 定価 1,800 円＋税

日本語教育に関わる心理学的な知識を学ぶための入門書。日本語を教えるときや、学習者の考え方や行動を理解したり悩みの相談に乗ったりするときにも役立てよう。プレタスク・本文・確認・ポストタスク・読書案内で構成。

社会志向の言語学
豊富な実例と実証研究から学ぶ
● 南雅彦［著］　● 定価 1,800 円＋税

なぜ言葉は変化するのか？　言語と社会要因との関わり、変化が起こる原因とメカニズムを解き明かす。ドラマ・スポーツからの具体例から実際の言語調査までをわかりやすく紹介し、文化と言語のつながりを探る。言語学の入門書に最適。

日本語の習得を支援するカリキュラムの考え方
● 畑佐由紀子［著］
● 定価 2,000 円＋税

言語習得の基礎から評価まで、日本語教育プログラムにおけるカリキュラム開発を総合的に捉え、その理論や概念を精細に整理した1冊。

おひさま　［はじめのいっぽ］
子どものための日本語
● 山本絵美・上野淳子・米良好恵［著］くろしお出版［編］
● 定価 2,000 円＋税

マルチリンガルの子どものための日本語学習教材。多彩な活動を通して言語の体験を豊かにすると共に、日本や世界へと視野を広げる。

第二言語習得モノグラフシリーズ　1
名詞句と音声・音韻の習得
● 白畑知彦・須田孝司［編］ニール・スネイプ・小川睦美・須田孝司・鈴木孝明・杉浦香織・川崎貴子・ジョン・マシューズ・田中邦佳［著］● 定価 2,600 円＋税

第二言語習得研究の第一線で活躍する執筆陣による、日本における最先端の研究成果を紹介するシリーズ、第一巻。

第二言語習得の普遍性と個別性
学習メカニズム・個人差から教授法へ
● 小柳かおる・向山陽子［著］
● 定価 3,700 円＋税

第二言語習得における、学習者の個人差のメカニズムを探る。最新の研究から何が見えてくるのかを、具体例を示しながら紹介する。

くろしお出版 Kurosio Publishers　〒113-0033 東京都文京区本郷 3-21-10
Tel 03-5684-3389　Fax: 03-5684-4762　www.9640.jp